DAYTRADING FÜR EINSTEIGER

Traden wie ein Profi

Wie Sie mit den Strategien der Super-Erfolgreichen in Aktien, ETF, Forex und CFD intelligent investieren und an der Börse höchst profitabel handeln

INHALT

Vorwort

Herzlich Willkommen in meinem vielseitigen Buch rund um das Thema Daytrading. Mithilfe dieses Ratgebers möchte ich Ihnen schrittweise näherbringen, wie Sie durch clevere Investitionen am Börsenmarkt Gewinne erzielen können.

Dafür erkläre ich Ihnen im ersten Kapitel, was man unter dem Begriff „Investieren" alles verstehen kann, welche Möglichkeiten Sie neben und auf dem Aktienmarkt für Finanzinvestitionen haben und wie das Investment an der Börse funktioniert. Zusätzlich habe ich anhand aussagekräftiger Beispiele erörtert, welche Gewinne die verschiedenen Investitionen erwarten lassen, sodass es Ihnen sehr leicht fallen wird, sich in die Themen hineinzuversetzen. Weiterhin empfinde ich es als wichtig, dass Sie die Unterschiede zwischen aktivem und passivem Investment kennen und sich den Risiken bewusst sind, die mit Ihrer Verantwortung einhergehen.

Das zweite Kapitel befasst sich mit den Grundlagen des Tradings, wobei Daytrading eine Unterform des Tradings darstellt. Ich stelle Ihnen eine Definition vor, erläutere Hintergrundwissen und erkläre, worauf Sie sich im Trading-Geschäft einlassen müssen. Des Weiteren soll Sie eine optimale Vorbereitung zum ersten Investment führen, weshalb ich diesem Thema ein eigenes Kapitel gewidmet habe. Lesen Sie in diesem Buch, worauf Sie bei Ihrem Onlinedepot unbedingt achten müssen, erhalten Sie fundiertes Wissen über Einflussfaktoren und Kennzahlen von Aktien ebenso, wie eine Übersicht zu verschiedenen Aktienstrategien und vielem mehr. Investitionen am Aktienmarkt werden sich nur mit einer intensiven Vorbereitung dauerhaft lohnen.

In den beiden Hauptkapiteln stelle ich Ihnen vor, wie Sie Daytrading erlernen. Dazu gehört, dass Sie wissen, wie Sie einen Aktienchart lesen, ihn in einen Kontext setzen, Formationen erkennen und daraufhin fundierte Kaufentscheidungen treffen, damit die Gewinnchancen steigen und das Verlustrisiko minimiert wird. Zusätzlich empfinde ich es als enorm wichtig, dass Sie auch abseits des Aktienmarktes gut über Trading-Möglichkeiten informiert sind, weshalb ich Ihnen eine prägnante Erklärung zum Devisenmarkt und zum Traden mit Derivaten, insbesondere CFDs, an die Hand geben werde.

Die abschließenden Kapitel dieses Buches sind aufgrund dessen nicht zu vernachlässigen, weil sie wichtige Hinweise zu typischen Fehlern beinhalten, vor denen ich Sie bewahren möchte. Außerdem befindet sich im Anschluss an das Kapitel eine Begriffsübersicht, in der Sie noch unklare Begriffe nachschlagen können. Damit die Übersicht nicht zu überladen ist, habe ich mich auf Begriffe konzentriert, die Sie zum Verständnis dieses Buches unbedingt benötigen. Als Zusatzkapitel finden Sie am Ende des Buches Ausführungen sowie Tipps und Tricks im Umgang mit der Abgeltungssteuer, welche beim Aktienhandel anfällt. Ich wünsche Ihnen viel Spaß beim Lesen und Verstehen meines Ratgebers und hoffe, dass Sie schon bald die ersten Gewinne mit Trading erzielen können.

Einleitung

WAS BEDEUTET INVESTIEREN?

Investieren. Ein fast schon inflationär genutzter Begriff, welcher nicht nur im Zusammenhang mit Finanzen auftaucht. Investieren können Sie beispielsweise auch Zeit in eine Beziehung oder Kraft in eine Freundschaft. Das Grundprinzip ändert sich dabei im Vergleich zur Investition in eine finanzielle Wertanlage nicht. Sie geben etwas, um daraus einen Vorteil zu erhalten. Im Beziehungsbeispiel klingt Vorteil sehr rational, trifft aber dennoch den Kern, da Sie sich aufgrund der investierten Zeit möglicherweise Glücklichkeit oder zumindest diverse schöne Momente erhoffen, die Sie sonst nicht erleben würden. Genauso oder zumindest so ähnlich funktioniert eine finanzielle Investition, in der Sie Geld aufbringen, um nach einer gewissen Zeit entweder mehr Geld erstattet zu bekommen oder in einer anderen Art und Weise entlohnt zu werden, zum Beispiel anhand von Stimmrechten in Unternehmen.

Warum investieren Menschen? Der Hintergrund liegt auf der Hand. Eine Investition in Wertanlagen bietet Ihnen die Möglichkeit, ohne eigenen Aufwand Gewinn zu erzeugen. Das Sprichwort, „Sein Geld für sich arbeiten lassen", ist dabei absolut zutreffend, da die einzigen Voraussetzungen für Rendite mit Investitionen ein gewisses Startkapital, Grundwissen und Geduld sind.

Die Notwendigkeit des Investierens lässt sich sehr einfach mithilfe der Inflation begründen. Durch die permanente Inflation von in Deutschland in etwa zwei Prozent jährlich verliert das bereits vorhandene Geld an Wert. Eine zweiprozentige Inflation sorgt dafür, dass ein 100-Euro-Schein nach 365 Tagen zwar weiterhin ein 100-Euro-Schein ist, er jedoch nun nur noch so viel Kaufkraft hat, wie 98 Euro zum damaligen Zeitpunkt. Der Hauptgrund für diesen Wertverlust sind steigende Preise in allen Bereichen des Lebens, weshalb niemand aus der Inflation einen direkten Vorteil gegenüber jemand anderem ziehen kann.

Weiterhin möchte ich Ihnen den Einfluss der Inflation anhand eines einfachen Rechenbeispiels verdeutlichen. Angenommen, eine fiktive Person, ich nenne sie Anna, hat einen großen Gewinn in Höhe von 10.000 Euro in der Lotterie erzielt und möchte das Geld für ihre Hochzeit nutzen, denn sie liebt große Feiern.

Da sie aber erst Anfang der zwanziger Jahre und die Liebe zu ihrem Lebensgefährten noch frisch ist, möchte sie noch mindestens zehn Jahre warten, bis sie den entscheidenden Schritt wagt. Lässt sie das Geld die gesamten zehn Jahre auf einem herkömmlichen Girokonto ohne Zinsen, werden es nach den zehn vergangenen Jahren weiterhin 10.000 Euro sein. Der große Unterschied: Das Geld ist nun deutlich weniger wert. Ich setze einen Wertverlust von zwei Prozent jährlich durch die Inflation voraus, was zur Folge hat, dass das Geld bereits nach einem Jahr nur noch die Kaufkraft von 9.800 Euro hätte. Das bedeutet, dass Anna für einen Warenkorb mit den verschiedensten Dingen wie Elektrogeräten, Freizeitaktivitäten und Lebensmitteln, den sie vor einem Jahr für 9.800 Euro hätten erwerben können, nun 10.000 Euro zahlen muss. Erweitert auf zehn Jahre ergibt das einen Wertverlust von insgesamt 1.830,27 Euro, da sich der neue Wert im zweiten Jahr wiederum um zwei Prozent verringert. Die eingezahlten 10.000 Euro besitzen nach zehn Jahren einen Realwert von lediglich 8.170,73 Euro. Berechnet wird dies mithilfe der Formel Grundkapital*(1-Zinssatz)^Anzahl der Jahre, also: 10.000 * (1 – 0,02) ^ 10 = 8170,73 Euro.

Meiner Meinung nach ist es erschreckend, was nahezu unbemerkt mit dem eigenen Geld geschieht, wenn es nicht aktiv vom Besitzer verwaltet wird. Sie bemerken somit die Notwendigkeit der Nutzung des Geldes, am besten in Form eines Investments. Ich nehme im Folgenden beispielhaft an, die glückliche Lotteriegewinnerin Anna entscheidet sich aufgrund ihrer persönlichen Situation für ein risikoarmes Investment. Das bedeutet, dass sie ihr Geld zwar am Kapitalmarkt anlegt, das Risiko dafür allerdings so gering wie möglich halten möchte. Sie entscheidet sich für eine Aufsplittung des Gewinns in zwei ungleiche Hälften. Die erste Hälfte (8.000 Euro) investiert sie einmalig in ein Portfolio aus verschiedenen ETFs und Aktienpaketen. Was das genau ist und zu welcher Art von Investments sich solche Investitionen zuordnen lassen, erfahren Sie im nächsten Abschnitt „Welche Arten von Investments gibt es?". In Bezug auf die zweite, deutlich kleinere Hälfte (2.000 Euro) nutzt Anna ihr Wissen über aktive Investments und erzielt mithilfe von Aktienstrategien höhere Renditen mit ebenso höherem Risiko.

Vereinfachend nehme ich nun an, dass ihre jährliche Rendite der ersten Hälfte vier Prozent und die jährliche Rendite der zweiten Hälfte sieben Prozent beträgt. Innerhalb von zehn Jahren lässt sich das anfängliche Grundkapital von 10.000 Euro so erheblich steigern. Die erste Hälfte ist nach zehn Jahren von 8.000 auf 11.841,95 Euro (Rechnung: 8.000*1,04^10) gewachsen. Hälfte zwei hat sich in dieser Zeit fast verdoppelt und ist von 2.000 auf 3.934,30 Euro (Rechnung: 2.000*1,07^10) gestiegen. Insgesamt ergibt das einen neuen Wert von 15.776,25 Euro. Anna kann nach den abgelaufenen zehn Jahren, also zum Zeitpunkt ihrer Hochzeit, auf stolze 15.776 Euro zurückgreifen, weil sie das Geld für sich arbeiten ließ. Selbstverständlich gilt es auch hierbei, zu beachten, dass es sich nicht um den reinen Gewinn an Realwerten handelt, da die Inflation diesmal nicht berücksichtigt wurde. Der Gewinn ist demnach auf zehn Jahre mit jeweils zwei Prozent Zinsen wegen der Inflation abzuzinsen. Dabei errechnet man den Quotienten aus dem erhaltenen Kapital und eins plus dem Zinssatz hoch die Anzahl der Jahre. Kompliziert auszudrücken, einfach umzusetzen: (11,841,95):(1,02^10) ergibt 9.714,52 Euro. Bei der zweiten Hälfte ergibt sich ein Realgewinn von 3.227,50 Euro. Nach Beachtung der Inflation kann Anna nun auf einen Wert von insgesamt 12.942,02 Euro zugreifen, der nach zehn Jahren anhand eines höheren Geldbetrages ausgedrückt wurde.

Was bedeutet das für Sie? Überdenken Sie die einfache Entscheidung, vor welcher Anna kurz nach ihrem Lotteriegewinn steht, und machen Sie sich deutlich, wie groß der Unterschied zwischen einer einfachen Investition und einer Nicht-Investition über einen langen Zeitraum ist. Ich bin überzeugt davon, dass dieses Beispiel Ihnen die Bedeutung von Finanzinvestitionen erläutert hat, weshalb ich im nächsten Abschnitt darauf eingehe, welche Arten von Investitionen es im Finanzbereich gibt und welche für Sie besonders infrage kommen.

WELCHE ARTEN VON INVESTMENTS GIBT ES?

Grundlegend lassen sich fünf verschiedene Formen von Investments unterscheiden. Um diese voneinander zu trennen, werden insbesondere drei Faktoren genutzt, welche zur Beschreibung eines Investments dienen. Dazu gehört zum einen die Rentabilität der Anlage, also wie viel Gewinn im Durchschnitt über die Dauer der Anlage generiert werden kann. Des Weiteren spielt der Faktor Liquidität eine große Rolle. Weshalb auch eine möglichst schnelle Auszahlung bzw. Verfügbarkeit des Geldes notwendig ist, ist leicht erklärt. Vermögen, auf welches Sie erst in mehreren Jahren zugreifen können, ist weniger wert als Vermögen, womit Sie sofort Wertanlagen kaufen können, zum Beispiel eine Aktie. Deshalb muss Geld, auf welches Sie nicht zugreifen können, für einen durchschnittlichen Marktzinssatz abgezinst werden, das sind zurzeit in etwa drei bis fünf Prozent. Es ist also wichtig, dass Sie Ihren erwirtschafteten Gewinn und Ihr Startkapital möglichst schnell zurückerhalten, um neue Investments zu tätigen bzw. den Zinseszins optimal zu nutzen.

Der dritte entscheidende Faktor ist das Risiko, welches Ihre Anlage trägt. Eine Faustregel besagt: je mehr Risiko, desto höher die mögliche Rendite. Sehen Sie sich daher einem Investment mit hoher Rendite gegenüber, möglicherweise deutlich über zehn Prozent, sollten Sie sich bewusst sein, dass dahinter ein enormes Risiko steckt. Das Ziel eines jeden

Investments ist daher, eine möglichst hohe Rendite mit schneller Liquidität und geringem Risiko zu erzielen. Dass ein solches „optimales" Investment nicht vorhergesagt werden kann, wird Ihnen bereits bewusst sein, da sonst jeder Anleger ein Stück vom Kuchen erhalten wollen würde.

1. Klassische Geldanlagen

Dazu gehören neben Sparbüchern und Tagesgeldkonten auch Festgeldkonten, Bausparverträge oder eine Lebensversicherung. Doch viele dieser veralteten Geldanlagen sind nicht mehr rentabel. Auf **Sparbücher** gibt es bei den meisten Banken heutzutage im Schnitt 0,1 % Zinsen. Dafür trägt der Anleger allerdings kein Risiko. Sparbücher werden auch deshalb mittlerweile nur noch sehr selten abgeschlossen. Hauptsächlich werden sie dazu genutzt, auch in finanziell schlechten Zeiten ein kleines Notpolster zu haben, welches unabhängig von Wirtschaftskrisen besteht und den sofortigen Zugriff erlaubt. Allerdings gleicht diese Variante eher einem Sparen des Geldes in einer versteckten Ecke des Kleiderschrankes. **Tagesgeldkonten** verhalten sich im Vergleich deutlich moderner, werfen aber auch nahezu keine Zinsen ab. Der Zinssatz ist dabei flexibel und wird nicht bei Eröffnung des Kontos vereinbart. Allerdings sind diese Änderungen aufgrund der Null-Zins-Politik der Europäischen Zentralbank nicht ausschlaggebend.

Bei sogenannten **Festgeldkonten** ist der Name Programm. Hierbei wird Ihr Geld für Sie eingefroren und Sie haben die Möglichkeit, erst nach Ablauf der vorher festgelegten Laufzeit darüber zu verfügen. Dass die Liquidität hierbei gänzlich fehlt, haben Sie vermutlich bereits gemerkt. Dafür glänzen Festgeldkonten mit einem etwas höheren Zinssatz von 1,5 bis zwei Prozent Zinsen, wenn die Laufzeit mindestens über fünf Jahre gewählt wurde. Risiko gibt es hierbei keines, da Ihnen die Bank den Gewinn garantiert, solange Sie das Geld nicht vor Ablauf der Laufzeit benötigen, denn dann drohen Verluste. **Bausparverträge** werden klassischerweise zur Finanzierung einer Immobilie verwendet und sind gegenüber Tages- und Festgeldkonten beim reinen Sparen bzw. Investment nicht rentabel, weshalb ich Ihnen von dieser Variante abrate.

2. In Immobilien investieren

Wer an Immobilienkäufe als Investor denkt, schreckt gedanklich vor hohen Summen von mehreren hunderttausend Euro zurück. Doch mittlerweile reicht bereits ein Bruchteil davon aus, um ins Immobiliengeschäft einzusteigen. Mithilfe des Internets und dem Drang vieler Investoren mit geringem Startkapital, ihr Geld für materielle Wertgegenstände zu nutzen, ist das sogenannte Crowdinvesting herangewachsen. Hierbei suchen spezielle Firmen online nach Kleininvestoren, die bereits ab 500 Euro einsteigen können. Mit dem gesammelten Geld investieren Experten des Unternehmens in verschiedene Immobilien und sorgen dafür, dass Ihr eingesetztes Geld Rendite generiert. Im Allgemeinen sind Investitionen in Immobilien vor allem deshalb so beliebt, weil Sie in den vergangenen Jahren für einen sicheren Gewinn in Höhe von drei bis fünf Prozent gesorgt haben. Das liegt daran, dass Gebäude kaum im Wert schwanken und die Nachfrage nach Wohnraum kontinuierlich wächst. Es ist daher eine sichere Anlage für Investoren, die nicht zu viel Risiko eingehen möchten. Meist stellen Immobilien in etwa ein Viertel bis ein Drittel der Portfolios von Großinvestoren oder Millionären dar.

3. Andere Sachwerte

Außerhalb von Immobilien gibt es noch weitere Möglichkeiten, Geld in etwas zu investieren, was Sie auch selbst fühlen können und wo Sie täglich bemerken, dass ein hoher Wert dahintersteckt. Vorreiter dafür sind vor allem Edelmetalle. Sie gelten als äußerst risikoaverse Möglichkeit, eine Rendite von in etwa zwei bis drei Prozent per anno zu erzielen. Dies ist jedoch zwischen den einzelnen Metallen wie Gold oder Diamanten sehr unterschiedlich. Wer ein Investment mit hohen Geldsummen in diesem Bereich anstrebt, sollte sich sehr gut mit dem Thema auseinandergesetzt haben, um nach mehreren Jahren einen geeigneten Verkaufszeitpunkt zu finden. Ähnlich verhält es sich mit Investitionsgütern wie Sammlerstücken, worunter historische Autos, Schuhe oder originalverpackte Spiele zählen. Dabei empfehle ich, insbesondere in den Bereichen der eigenen Hobbys zu investieren, um einen Wissensvorsprung vor reinen Investoren zu besitzen. Des Weiteren ist es wichtig, zu beachten, dass die Investition erst nach sehr vielen Jahren Erlös erzielen kann, das Risiko sowie die Rendite nur sehr schwer abschätzbar sind und ein Ort gefunden werden muss, an dem die Wertgegenstände sicher und vor Kälte und Nässe geschützt gelagert werden können. Im Allgemeinen sollten solche unsicheren Investitionen nicht mehr als zehn Prozent Ihres gesamten Portfolios ausmachen. Bei Edelmetallen kann der Anteil deutlich erhöht werden, wenn Sie sehr sicherheitsbedacht agieren möchten.

4. Wertpapiere

Sie bilden den Hauptbestandteil dieses Buches und können nicht ohne Weiteres in die drei eingangs erläuterten Faktoren eingeordnet werden. Das liegt daran, dass sich Aktien, Fonds, ETFs, Anleihen oder Derivate sehr stark voneinander unterscheiden und es auch innerhalb große Differenzen gibt. So gelten einzelne Aktien als besonders risikoreich, wohingegen ETFs oder Anleihen oft mit weniger Risiko verbunden sind. Das Besondere ist, dass es innerhalb jeder Kategorie verschiedene Möglichkeiten gibt, hohe Rendite durch hohes Risiko zu erzeugen. Dasselbe gilt für niedrigere Rendite bei geringerem Risiko. **Aktien** stellen kurz gesagt einen Anteil am Unternehmen dar, welches durch Ihre Investition Eigenkapital erhält und Sie deshalb am Gewinn beteiligt. **Fonds und ETFs** sind Aktienpakete bzw. bilden Aktienpakete ab. Sie glänzen durch hohe Diversifikation und sind deshalb meist mit weniger Risiko verbunden als einzelne Aktien. Bei **Anleihen** oder auch Staatsanleihen leihen Sie dem Staat Geld, welcher dieses nach einer festgelegten Laufzeit von meist fünf bis zehn Jahren mit geringen Zinsen zurückzahlt. Nicht selten kommt es mittlerweile dazu, dass auf deutsche Staatsanleihen Negativzinsen gezahlt werden. Das liegt daran, dass eine Anleihe meist mit einer Investition von sehr hohen Geldsummen, nicht selten im sechsstelligen Bereich, verbunden sind. Solche Großanleger suchen einen sicheren Ort als Aufbewahrung für ihr Vermögen und sind bereit, für diese Sicherheit Negativzinsen in Kauf zu nehmen. Sie gelten als Ausgleich und Ergänzung des meist mehrere Millionen umfassenden Portfolios. Ganz im Gegenteil dazu stehen **Derivate**. Erwerben Sie Derivate, spekulieren Sie auf die Entwicklung verschiedener Aktienkurse, ohne die Aktie an sich zu erwerben. Sie haben so die Möglichkeit, enorm hohe Gewinne zu erzielen. Da es sich hierbei um sogenannte Hochrisikoinvestments handelt, sind Derivate oder Zertifikate nur für äußerst erfahrene Geldanleger geeignet, die sich vor der Investition lange mit dem jeweiligen Unternehmen beschäftigt haben. Im Abschnitt „Das Investment an der Börse“ möchte ich noch genauer auf die einzelnen Formen von Aktien, Fonds und ETFs eingehen. Insbesondere möchte ich die enormen Chancen für Privatanleger erläutern und, weshalb sie sich von den anderen Investmentarten klar abheben.

5. Weitere Anlageformen

Zu den etwas besonderen Anlageformen zählen neben den oft erwähnten Bitcoins auch beispielsweise FinTechs oder das Erwerben von Genossenschaftsanteilen. Bei **Bitcoins** handelt es sich um eine Onlinewährung, mit der innerhalb sehr kurzer Zeit viel Geld verdient werden kann. Die Schwankungen sind enorm und nicht jedermanns Sache, da oft mit enorm hohen Summen gehandelt wird. Der Preis eines Bitcoin lag im Oktober 2020 bei in etwa 9.600 Euro. Sie werden von vielen Brokern mit der höchsten Risikostufe versehen. Ebenso sind **FinTechs** (Finanztechnologie) mit viel Risiko verbunden, da sie die Beteiligung an Startups ermöglichen. Meist werden diese jungen Unternehmen von großen

Kapitalgesellschaften unterstützt, um das dringend benötigte Startkapital für das gewagte Geschäftsmodell aufzubringen. Gelingt dem Startup der Durchbruch, vervielfacht sich der Wert Ihrer Anlage in kürzester Zeit. Leider schaffen es zu diesem Schritt nur wenige FinTechs – die Auswahl sollte daher mit Bedacht geschehen. Zu guter Letzt möchte ich nicht unerwähnt lassen, dass Sie sich auch **an Genossenschaften beteiligen** können. Diese zählen als langfristige Investition und garantieren Ihnen eine Gewinnbeteiligung auf Ihre erworbenen Genossenschaftsanteile, wenn Sie als Miteigentümer oder auch als Mitglied agieren. Nur selten müssen große Genossenschaften, welche meist im Wohnungs-, Landwirtschafts- oder Energiesektor tätig sind, Konkurs anmelden. Die Geldanlage ist somit verhältnismäßig sicher und stellt eine Alternative zu Festgeldkonten dar.

DAS INVESTMENT AN DER BÖRSE

Die Börse bietet Anlegern die Möglichkeit, Aktienanteile einfach und sicher zu kaufen und zu verkaufen. Doch ich möchte erst einmal weiter vorn anfangen. Was sind Aktien überhaupt? Aktien gibt es deshalb, weil Unternehmen so ihr Eigenkapital erweitern können. Das bedeutet, dass Unternehmen, um große Projekte zu finanzieren oder um sich auf eine andere Art zu vergrößern, Geld benötigen. Dieses erhalten Sie entweder durch Innenfinanzierung durch Gewinne oder durch Außenfinanzierung, beispielsweise, indem Aktien verkauft werden, welche einen Anteil am Unternehmen ausdrücken. Der Nennwert der Aktie ist dann der Betrag, den das Unternehmen erhält und mit dem es wirtschaften kann. Als Ausgleich für den Kauf erhält der Aktienkäufer, also der Investor, einen Gewinnanteil in Form von einer jährlichen Dividende. Außerdem hofft der Investor auf eine Wertsteigerung der Aktie, sodass er diese zu einem späteren Zeitpunkt teurer verkaufen kann und neben der Dividende auch damit einen Gewinn erzielt. Soweit so gut, denn dieses

Verfahren würde auch ohne die Börse gelingen. Wo kommt sie ins Spiel? Sie agiert lediglich als Vermittler zwischen Käufer und Verkäufer. Damit die Aktie einer Firma täglich gehandelt werden kann, ist es wichtig, dass es eine unabhängige Plattform gibt, die eine sichere Transaktion für beide Seiten garantiert. Die Anzahl der herausgegebenen Aktien ist zu diesem Zeitpunkt meist beschlossen und ein Großteil der Aktien wurde bereits an Großinvestoren verkauft, die diese nun über die Börse verkaufen. Das bedeutet, dass das Unternehmen, zu welchem eine bestimmte Aktie gehört, nun keinen direkten Einfluss mehr auf das Geschehen an der Börse nehmen kann, da es hierbei nur um den Erwerb und den Verkauf zwischen den einzelnen Investoren geht.

Daraus erschließt sich bereits, dass der Aktienkurs und der damit einhergehende Preis für eine Aktie an der Börse nach einer gewissen Zeit nach dem Börsengang nicht mehr vom Unternehmen selbst bestimmt wird. Dieser wird durch Angebot und Nachfrage der Investoren bestimmt und funktioniert vollständig automatisch. Die Firma kann nur mithilfe von Quartalsberichten, Gewinnprognosen oder ähnlichen Aktionen Einfluss auf das Börsengeschehen nehmen – und sie ist auch verpflichtet dazu. Insbesondere börsennotierte Kapitalgesellschaften haben eine Pflicht zur Offenlegung von Quartalsberichten über die Entwicklung des Unternehmens und müssen unter anderem auch unerwartete Nachrichten bzw. Informationen, die das Börsengeschehen beeinflussen würden, unverzüglich offenlegen. Diese Gesetze, welche unter anderem im HGB oder im AktG verankert sind, dienen in erster Linie dem Gläubigerschutz.

Der Börsengang bringt dem Unternehmen also vor allem Geld ein, um große Projekte zu fördern und danach mehr Gewinn zu erzielen. Doch welchen Nutzen hat ein börsennotiertes Unternehmen auf der Anlegerseite? Man kann sagen, es handelt sich um ein Geben und Nehmen zwischen den Investoren und der Firma, da beide Seiten stark profitieren können. Zum einen lassen sich die Aktien des Unternehmens nach dem Börsengang deutlich leichter handeln und sie machen Trading überhaupt erst möglich. Zum anderen greifen deutlich stärkere Schutzmechanismen für den Gläubiger, indem die oben genannten Schritte von Unternehmensseite durchzuführen sind. So bleibt der Investor nicht im Dunkeln und hat jederzeit den vollen Überblick über den Stand des Unternehmens. Das führt dazu, dass Wissen und Erfahrung ein wichtiger Faktor im Aktiengeschäft sind, und macht glückliche Gewinne unwahrscheinlicher. Ohne die großen Börsen der Welt, wie zum Beispiel die „New York Stock Exchange" (NYSE) oder die Frankfurter Börse, wäre ein schneller und vor allem fairer Handel, wie man ihn heute gewohnt ist, nicht möglich.

Welche Rendite Sie an der Börse erwarten können

Dass die erwarteten Renditen auch bei Investments an der Börse von den zwei weiteren Faktoren Liquidität und Risiko abhängen, wird Ihnen bereits bewusst sein. Aus diesem Grund kann die Rendite einer Investition in einzelne Aktien von Unternehmen sehr hoch mit bis zu 20 Prozent sein und bei Startups möglicherweise noch mehr, allerdings kann sie auch negativ werden oder Ihre Anlage verliert vollständig an Wert.

Deshalb investieren viele Privatanleger in modernere Formen des Börsenhandels, zum Beispiel in Aktienfonds. Diese werden von Fondsmanagern zusammengestellt und betreut, das bedeutet, der Manger kauft und verkauft verschiedene Aktien und die Rendite entsteht aus der gesamten Entwicklung aller Aktienanteile des Fonds. Auf Sicherheit angelegte Aktienfonds erzielen jährliche Renditen in Höhe von ca. drei Prozent, wobei bei risikoreicheren Investments eine zweistellige Rendite denkbar ist. Mein privates Portfolio enthält unter anderem auch einen Anteil eines verhältnismäßig risikoreichen Aktienfonds, welcher während der Corona-Krise zwar kurzzeitig deutlich an Wert verloren hatte, nach dem niedrigsten Kurs allerdings knapp 15 Prozent Kurswert gewonnen hat. Sicherlich ist eine Wirtschaftskrise als Beispiel für klassische Renditeverläufe nicht ausschlaggebend, jedoch zeigt es dennoch die Möglichkeiten und Chancen von bestimmten Aktienfonds. Von der erwirtschafteten Rendite ist hierbei aber noch zu beachten, dass, je nach Anbieter, Gebühren entstehen, die unter anderem dem Fondsmanager zugutekommen.

Diese Kosten müssen von der Rendite abgezogen werden, um ein reales Ergebnis zu erhalten, jedoch wird dies meist in der Übersicht des Bankdepots ersichtlich. Ähnlich funktionieren ETFs, welche sich ebenso aus verschiedenen Aktien zusammensetzen und somit einen Aktienkurs bilden. Jedoch wird hierbei ein völlig neues Finanzprodukt erstellt, welches lediglich den Kurs beispielsweise eines Aktienindex wiedergibt. Da Aktienindizes nicht direkt besparbar sind, kann mithilfe von ETFs oftmals kostenlos ein Produkt bespart werden, welches sich identisch zu einem Aktienindex verhält. Auch dabei gibt es risikoreiche und weniger risikoreiche Möglichkeiten, wobei jedoch ein vollständiger Wertverlust nahezu ausgeschlossen ist, da es sich insbesondere bei Indizes um finanzstarke Unternehmen handelt, welche gemeinsam den Kurs bilden. Merken Sie sich unbedingt, dass Aktienfonds aktiv von einem Fondsmanager betreut werden, wohingegen ETFs passive Produkte sind, welche automatisch zusammengefügt und aktualisiert werden.

Doch wie viel Rendite können Sie nun beim Trading erwarten? Das besondere beim Daytrading ist, dass die Liquidität nahezu bei 100 Prozent liegt, da mit sehr kurzen Laufzeiten agiert wird. Sie können innerhalb kürzester Zeit Ihr eingesetztes Kapital aus den Anlagen herausholen und es vom Depot auf Ihr Bankkonto überweisen lassen. Dafür werden allerdings die Faktoren Risiko und Rendite umso interessanter. Doch geht es bei diesen Risiken weiterhin um dasselbe Risiko, welches ich bisher erläutert habe? Nicht direkt. Betreiben Sie Trading, setzen Sie sich in den meisten Fällen Stop-Loss-Marken, welche Ihre Verluste abfedern und dafür sorgen, dass bei einem bestimmten Preis verkauft wird. So sind Sie nicht dem Risiko ausgesetzt, dass der Aktienkurs plötzlich in den Keller fällt. Dennoch gibt es natürlich ein Risiko: Denn je mehr Geld Sie in einen Trade investieren, desto mehr können Sie verlieren. Zwar ist es durch die Stop-Loss-Marke ausgeschlossen, dass Sie Ihr gesamtes Grundkapital aufs Spiel setzen, jedoch kann bei einem Einsatz von zehn bis 20 Prozent des Kapitals in einem Trade sehr viel Geld verloren gehen, wenn Sie zur Stop-Loss-Marke verkaufen müssen.

Das Risiko wird daher weniger durch die gehandelte Aktie, sondern vielmehr durch die Höhe des eingesetzten Kapitals je Trade bestimmt. Sie merken, dass Sie innerhalb eines Trades Ihr Kapital so schnell verdoppeln können, wie Sie es auch wieder verlieren können. Das ist der Grund, weshalb man oft von 100 Prozent-Gewinn im Internet liest, welchen Trader innerhalb eines Monats erwirtschaftet haben. Dass dies nur mit äußerst hohem Risiko funktioniert und auf lange Sicht nicht erfolgreich sein kann, erklärt sich von selbst. Berufstrader erzielen laut eigenen Angaben nicht selten 15 Prozent Rendite je Monat, was verhältnismäßig viel ist. Wenn ein Einsteiger monatlich zwischen fünf und zehn Prozent Gewinn erzielt, kann er stolz auf sich sein, denn das ist nicht selbstverständlich. Insbesondere am Anfang ist mit mehr oder weniger großen Verlusten zu rechnen.

Nun möchte ich Ihnen anhand eines realistischen Beispiels näherbringen, welche Rendite hätte erzielt werden können, wenn sich eine Person vor zehn Jahren ein beispielhaftes Portfolio aufgebaut hätte. Dafür möchte ich auf die 22-jährige Anna aus dem ersten Kapitel zurückgreifen. Zu Ihrem zwölften Geburtstag am 01.01.2010 hat Anna von Ihren Eltern ein ganz besonderes Geschenk erhalten, was sie erst Jahre später so richtig zu schätzen gelernt hat. Ihre Eltern haben für Sie einen Sparvertrag eröffnet, der monatlich für 50 Euro Anteile des MSCI World ETF erwirbt. Dieser bildet den Aktienindex MSCI World ab, welcher die weltweit größten Unternehmen verschiedener Industrienationen beinhaltet und deshalb als sehr sicher gilt. Des Weiteren hat Anna zu Ihrem 18. Geburtstag entschieden, zusätzlich zu Ihrer sicheren ETF-Anlage etwas Risikokapital mit einmalig 1000 Euro anzulegen. Da Sie das Geld dafür von Ihrem Opa erhalten hat und dieser jahrelang bei Volkswagen tätig war, investiert sie die 1.000 Euro in die Volkswagen-Aktie, um ihn stolz zu machen. Während Ihres Studiums erfährt Anna von einigen Kommilitonen vom Daytrading und probiert sich mithilfe von den Erfahrungen ihrer Freunde und einem Ratgeber selbst aus. Nach anfänglichen Verlusten läuft es mittlerweile sehr gut und sie erzielt monatliche Gewinne, da sie in etwa fünf Stunden je Woche in Ihr Trading-Hobby investiert. Sie fing damit vor zwei Jahren an und nutzte zuvor erarbeitetes Geld aus einem Nebenjob in Höhe von 2.000 Euro. Zu ihrem 22. Geburtstag am 01.01.2020 erstellt sie sich eine Übersicht zu den entstandenen Renditen, damit sie Erfahrungen sammeln und ein Feedback für zukünftige Investitionen erhält.

Der von ihren Eltern erstellte ETF-Sparplan galt für genau zehn Jahre Laufzeit, weshalb er zum Zeitpunkt dieser Abrechnung beendet wurde. Im Durchschnitt konnten in den zehn Jahren in etwa sieben Prozent Rendite per anno generiert werden, was ein beachtlicher Wert ist. Insgesamt haben Annas Eltern für sie 6.000 Euro eingezahlt, welche nach der Laufzeit auf in etwa 8.365 Euro herangewachsen sind. Dieser Wert ist nicht vollkommen identisch mit der tatsächlichen Kursentwicklung des MSCI World, kommt diesem aber sehr nahe.

Das Risikoinvestment mit der Volkswagen-Aktie führte zwischen den Jahren 2016 und 2020 auch zu einem Erfolg. Der Aktienkurs konnte sich dank erfolgreicher letzter Monate von 130 auf 175 Punkte steigern, was einem Wachstum von insgesamt 35 Prozent entspricht, also 8,75 Prozent jährlich. Der Zeitpunkt von Annas Investition war taktisch geschickt, aber dennoch sehr gewagt: Kurz zuvor wurde der Abgas-Skandal aufgedeckt. Ihre 1.000 Euro konnten sich demnach auf knapp 1.400 Euro erhöhen, wenn davon ausgegangen wird, dass keine Kosten angefallen sind. Da dies nicht der Realität entspricht, ziehe ich eine Gebühr von zwei Prozent ab, welche als Ausgabeaufschlag angefallen ist. Ihr realer Endwert beträgt nun noch 1.371,25 Euro. Ihre dritte Investition im Trading bescherte Anna anfangs kleine Verluste, welche sie in den folgenden Monaten Schritt für Schritt ausglich. Ab dem siebten Monat, also nach einem halben Jahr, fing Anna an, Gewinne zu erzielen. In den zweiten sechs Monaten waren dies zwei Prozent, nach einem Jahr vier und im letzten halben Jahr konnte Anna sogar insgesamt neun Prozent monatliche Rendite generieren. Zusammengerechnet ergibt dies bei einem eingesetzten Startkapital von 2.000 Euro einen Betrag von 2.252,32 Euro nach einem Jahr, nach 18 Monaten bereits 2.849,90 Euro und am Ende der zwei Jahre verfügt Anna über Kapital in Höhe von 4.778,56 Euro, da das letzte Halbjahr ein großer Erfolg war. Insgesamt besitzt Anna nun einen angesparten Betrag von insgesamt 14.514,81 Euro bei einem eingesetzten Grundkapital von 9.000 Euro. Wahnsinn!

Dass dieses Beispiel lediglich der Illustration dient und nur bei äußerst geschickten und an manchen Stellen auch glücklichen Anlegern so eintritt, bitte ich, zu beachten. Nicht aus Zufall wurde der MSCI World ausgewählt, ebenso wie die Aktie von Volkswagen, denn diese haben in dem gewählten Zeitraum eine beachtliche Performance hingelegt. Des Weiteren sind neun Prozent Rendite im Daytrading bei einem Aufwand von jeweils 20 Stunden monatlich nur für absolute Experten möglich.

Ich hoffe dennoch, dass dieses Beispiel einen Eindruck darüber geben konnte, welche Möglichkeiten bei frühzeitigen und insbesondere richtigen Investments vorhanden sind. Speziell das Trading kann bei erfolgreicher Anwendung eine Menge Geld erwirtschaften, da sich die Renditebeträge auf den monatlichen Gewinn und nicht nur auf das Jahr beziehen.

AKTIV ODER PASSIV INVESTIEREN?

Im Beispiel zuvor konnten Sie sehen, wie die aktienerfahrene Anna

aktive und passive Investments miteinander kombinierte und als Ergebnis eine eindrucksvolle Rendite erzielen konnte. Beim aktiven Investieren versucht der Anleger, mithilfe von Strategien, Tipps, Wissen und cleveren Investments eine höhere Rendite zu erzielen, die momentan am Markt durchschnittlich erzielt werden kann. Diese sogenannte Benchmark befindet sich in ständiger Bewegung und stellt einen Orientierungspunkt für viele Anleger dar. Das passive Investment dagegen versucht nicht, eine höhere Rendite als der Markt zu erzielen, also ihn zu schlagen, sondern arbeitet mit dem Markt zusammen. Das bedeutet, dass hierbei in weltweite Aktien und große Fonds bzw. ETFs investiert wird und diese meist über einen langen Zeitraum gehalten werden. Diese Strategie werden Sie in Fachartikeln oft als „Buy and Hold"-Strategie wiederfinden.
Inwieweit hat Anna nun im Beispiel zuvor aktiv bzw. passiv investiert? Es sollte eindeutig sein, dass der Sparplan ihrer Eltern auf den MSCI World ETF zu den passiven Investments zählt. Der Index bildet den weltweiten Markt ab und wächst mit ihm im gleichen Tempo und der gleichen Höhe. Außerdem wurde mit dem Anlagezeitraum von zehn Jahren eine lange Dauer gewählt, die typisch für passive Investments ist. Anders sieht es bei Annas Trading-Transaktionen aus. Diese hat sie selbst ausgewählt und dabei ein glückliches Händchen bewiesen. Mithilfe ihres Wissens konnte sie insbesondere zum Ende ihres Investments höhere Renditen als der Markt erzielen und sie hat somit erfolgreich aktives Investment angewendet.
Bleibt nun noch die Volkswagen-Aktie, welche Anna einzeln erworben hat und dabei auf eine Wertsteigerung hoffte. Sie hat die Aktie zwar unter anderem aus privaten Gründen gewählt, hätte dies aber nicht getan, hätte sie sich keine positive Wertentwicklung versprochen. Nach einer Analyse ist sie zum Schluss gekommen, dass sie ihrem Opa den Gefallen ermöglichen kann, da sich das Investment höchstwahrscheinlich lohnt. Und das hat es: Mit einem durchschnittlichen Gewinn von 8,75 Prozent

jährlich hat Anna auch hier den Markt geschlagen und aktives Investment erfolgreich umgesetzt.
In diesem Buch wird insbesondere auf die Form des aktiven Investierens eingegangen. Anhand der bisherigen Ausführungen sollten sie bereits in der Lage sein, passives Investieren in seinen Grundzügen anzuwenden. Weiterhin empfehle ich den Abschnitt „Aktienstrategien" dieses Ratgebers, um vom passiven Investment ohne Trading in aktives Investment zu wechseln. Dabei sollte selbsterklärend sein, dass Ihr persönliches Portfolio niemals aus nur einer Strategie, einem passiven Investment oder ausschließlich aus einem Trading bestehen sollte. Eine gelungene Diversifikation ist essenziell und wird Sie davor bewahren, große Verluste hinnehmen zu müssen.

ÜBERSICHT ÜBER DIE WICHTIGSTEN AKTIENINDIZES

Insbesondere bei Sparplänen, welche sich auf Investments mit ETFs beziehen, spielen Aktienindizes eine große Rolle. Dabei wird es möglich, gesamte Indizes zu besparen und somit optimal passiv zu investieren, da das Marktwachstum der jeweils ausgewählten Region oder Branche exakt wiedergegeben wird. Beim Daytrading sind Aktienindizes zwar ebenso wichtig, allerdings nicht zum Investieren. Die Marktvolatilität einzelner Tage ist zu niedrig und somit auch die Schwankungen des Kurses. Des Weiteren haben Trader speziell das Ziel, den Markt zu schlagen, und nicht, eine Rendite in Höhe der Marktrendite zu generieren.

Wie nutzen Trader Aktienindizes? In erster Linie, um sich einen Überblick über das Marktgeschehen zu verschaffen. Der erste Blick eines jeden Traders ist zu Beginn der Arbeit, sich über Schwankungen der wichtigsten Indizes in den vergangenen Tagen zu informieren. Darauf folgen dann einzelne Aktien, welche möglicherweise die Ursache dieser Schwankungen sind. Indizes geben regionale sowie branchenweite

Übersichten, wie sich der Markt aktuell verhält und wo es Gewinne bzw. Verluste gibt. Deshalb sind für Trader neben den klassischen, regionalen Indizes wie dem DAX oder dem S&P 500 aus den USA auch Indizes über verschiedene Branchen von Interesse, allen voran der TecDAX, welcher sich auf die größten Technikunternehmen Deutschlands konzentriert. Aus diesen Gründen halte ich eine Übersicht über die wichtigsten Indizes in einem Ratgeber wie diesem für unabdingbar und ich möchte gleichzeitig darauf aufmerksam machen, dass es den Rahmen sprengen würde, alle relevanten Indizes aufzuzählen, die es gibt. Dass Sie sich als Trader in anderen Branchen wohlfühlen werden als andere Trader, ist völlig klar. Daraus lässt sich auch schließen, dass Sie andere und speziellere Indizes benötigen, die Sie mehrmals in der Woche auf den neuesten Stand bringen. Als Ergänzung dieser Übersicht ist es deshalb für Sie wichtig, dass Sie diese Indizes separat herausfiltern und jederzeit auf sie zugreifen können. Insbesondere sollten das demnach Indizes sein, in denen viele der Aktien gelistet sind, mit denen Sie am liebsten handeln.

MSCI World

Diesen Index kennt so gut wie jeder Aktienhändler der gesamten Welt. Kein anderer Index erfasst das weltweite Geschehen so gut wie der MSCI World, da insgesamt 1.652 Unternehmen aus 23 Industriestaaten abgebildet werden. Insbesondere gehört dazu auch Deutschland, die USA, Großbritannien und Japan. Bei den aufgeführten Unternehmen handelt es sich zum Großteil um Firmen der Technik- und Finanzbranche, welche heutzutage immer mehr an Bedeutung gewinnen. Bereits im Beispiel unter dem Abschnitt „Welche Rendite Sie an der Börse erwarten können“ habe ich Ihnen aufgeführt, wie stark die Performance des MSCI World in den vergangenen Jahren war. Es ist daher kein Wunder, dass er in den allermeisten ETF-Portfolios einen Anteil hat und sich auch bei vielen Berufstradern auf der Startseite befindet.

MSCI Emerging Markets

Der kongeniale Partner des MSCI World erfreut sich bei ETF-Sparern an ebenso großer Beliebtheit und spielt für Trader eine möglicherweise noch wichtigere Rolle. Das liegt daran, dass hierbei große Unternehmen verschiedener Schwellenländer abgebildet werden, die sich ebenso überall auf der Welt befinden. Dazu gehören neben Südkorea mit dem IT-Riesen Samsung auch Länder wie Indien oder Südafrika. Nicht selten kommt es bei diesem Index zu deutlich stärkeren Schwankungen als beim MSCI World, welcher konstanter agiert. Da sich Trader insbesondere auf Märkte konzentrieren, in denen viel Bewegung herrscht und große Gewinne möglich sind, scheint dieser Index eine wichtigere Rolle einzunehmen. Des Weiteren sind die beinhalteten Aktien oftmals häufiger von Tradern genutzt als beispielsweise DAX-Unternehmen, welche sich im zuvor erläuterten Index wiederfinden. Auch der MSCI Emerging Markets hat in den vergangenen Jahren eine beachtliche Performance hingelegt und hätte ebenso als Beispiel für die Studentin Anna genutzt werden können, soweit ein passender Ausstiegszeitpunkt gefunden worden wäre. Speziell während der Corona-Krise zeigte dieser Index deutlich sein Potenzial gegenüber dem MSCI World, denn er war stärkeren Schwankungen unterworfen, holte diese aber in beachtlicher Weise wieder auf.

Dow-Jones-Index

Es ist eines der Aushängeschilder der US-amerikanischen Wirtschaft und funktioniert auch heute noch nach altbewährten Mustern. Dieser nach dem Journalisten Charles Dow und dem Schriftsteller Edward Jones benannte Index bildet seit 1896 die größten amerikanischen Unternehmen ab, gemessen anhand des Preises. Diese Einordnung wurde vor allem früher genutzt und ist mittlerweile durch die Einheit der Marktkapitalisierung abgelöst worden – wovon sich dieser historische und dennoch heutzutage sehr relevante Index nicht beeindrucken lässt. Doch auch er hat in den letzten Jahren eine Menge Konkurrenz dazugewonnen, was den Kampf um den Nummer-eins-Index in den USA neu entfacht hat.

S&P 500

Dieser US-amerikanische Index bildet die 500 größten Unternehmen seines Landes ab – gemessen anhand der Marktkapitalisierung. Diese größte Unterscheidung zum Dow-Jones-Index ist eine essenzielle, denn es sorgt für eine andere Performance, da verschiedene Unternehmen stärker bzw. weniger stark gewichtet werden. Aufgrund der enormen Anzahl an gelisteten Unternehmen herrscht viel Dynamik, aber vor allem auch ein positiver Trend.

Unternehmen, die schwach performen, werden innerhalb kurzer Zeit aus dem Index entfernt und durch neue ersetzt. Dies ist aufgrund der hohen Konkurrenz schon lange keine Seltenheit mehr. Wer den US-amerikanischen Markt verstehen will, musste sich lange Zeit zunächst einmal einen Überblick über diesen und den Dow-Jones-Index verschaffen. Doch seit einiger Zeit ist ebenso ein dritter Index herangewachsen, welcher mittlerweile nicht mehr aus dem Geschehen des US-amerikanischen Marktes wegzudenken ist. Er nennt sich NASDAQ 100.

NASDAQ 100

NASDAQ? Noch nie gehört. So ging es zu Anfang einigen Aktienhändlern, welche vorrangig auf dem deutschen Markt aktiv sind. Doch spätestens heutzutage ist dieser Aktienindex allen Händlern ein Begriff. Benannt nach einer der bedeutendsten US-amerikanischen Börsen bildet der Index die 100 am höchsten gelisteten Unternehmen dieser Börse ab, geordnet nach Marktkapitalisierung.

Innerhalb der vergangenen zehn Jahre ist es diesem Index gelungen, seinen Kurswert zu vervielfachen. Noch 2010 stand er bei 2.000 Punkten – im Frühjahr 2020 waren es bereits 9.000 – ein enormer Aufstieg, der bei

Indizes dieser Größe und Bedeutung nur selten zu sehen ist. Es wird sehr spannend zu beobachten sein, welche Überraschungen er in der nächsten Zeit noch bereit hält.

DAX

Nun komme ich zum Aushängeschild des deutschen Börsenhandels. Der deutsche Aktienindex listet die 30 größten deutschen Unternehmen und ordnet sie nach Marktkapitalisierung. Diese Einordnung ist hierbei auch enorm wichtig, da die führenden Unternehmen eine beherrschende Stellung der Anteile einnehmen. Dazu gehören im September 2020 als Vorreiter SAP, Linde und Siemens. Generell finden sich im größten deutschen Aktienindex vor allem Unternehmen der Medizin- und Automobilbranche wieder, insbesondere zählen dazu Bayer, Volkswagen und Daimler. Für Anleger auf dem deutschen Markt gibt es kein Vorbeikommen am DAX, da sich die meisten anderen Indizes mehr oder weniger aus der Entwicklung des DAX repräsentieren. Das liegt an dessen Vormachtstellung, sodass ein plötzliches Kurswachstum oder ein Kursverfall bestimmte Gründe hat, die sich ebenso bei den Unternehmen der kleineren Indizes widerspiegeln. Dennoch gibt es auch in Deutschland weitere Aktienindizes, die Sie als Trader unbedingt beachten sollten.

TecDAX

Im technologieorientierten DAX sind ebenso die 30 größten Unternehmen Deutschlands gelistet, allerdings nur innerhalb der Technologiebranche. Besonders interessant ist dieser für Trader deshalb, weil Technologieunternehmen in der Vergangenheit beeindruckende Maßstäbe gesetzt haben und für stetiges Wachstum einstehen. Die Zahl der Investoren ist auch deshalb höher als in anderen Branchen und sorgt stets für eine ausreichende Volatilität. Des Weiteren bildet der TecDAX eine interessante Übersicht für Trader, welche sich zu Beginn vor allem im deutschen Markt ausprobieren möchten. Der regionale Bezug sorgt für einen

Wissensvorsprung gegenüber ausländischen Märkten und gibt ein Gefühl der Sicherheit, welches allerdings auch trügen kann. Wer sich in Sicherheit wiegt, begeht schneller einen Fehler oder ist unaufmerksam. Außerdem könnte dabei die Objektivität verloren gehen. Solange diese Faktoren beachtet werden, steht zu Beginn der Tradingkarriere dem Ausprobieren auf dem deutschen Technologiemarkt nichts entgegen.

MDAX, SDAX

Hierbei handelt es sich um weitere Ausläufer des deutschen Aktienindex. Für Trader spielen sie nur eine untergeordnete Rolle, weshalb ich sie hier in demselben Atemzug nenne. Der MDAX schließt sich nahtlos an den DAX an und bildet die sich darunter befindenden Unternehmen ab. Von hier aus steigen die Aktien in den DAX auf, wenn die Marktkapitalisierung die eines DAX-Unternehmens überschreitet. Ähnlich funktioniert das Prinzip des SDAX, welcher sich an den MDAX anschließt. Der Grund, weshalb diese beiden Indizes für den Trader nicht sehr interessant sind, liegt augenscheinlich an der Volatilität. Es gibt nicht genug Bewegungen in den Aktienkursen, sodass große Tagesgewinne nicht zu erwarten sind. Dennoch sind diese Indizes für langfristige Anleger von großer Bedeutung, da sich oftmals langanhaltende Trends abzeichnen, auf die Sparer aufspringen können.

DivDAX

Ebenso eine Spezialform des DAX stellt der DivDAX dar. Hierbei werden Unternehmen aufgeführt, die die höchsten Dividenden auszahlen und dies auch kontinuierlich weiter verfolgen. Besonders wichtig ist dieser Index für Aktienstrategien, die die Dividende in den Vordergrund stellen und darauf ausgerichtet sind. Mehr zu diesem Thema erfahren Sie im Abschnitt „Aktienstrategien“ dieses Buches. Trader können diesen Index zum Herausfiltern von besonders konstanten Aktienkursen nutzen. Auch diese Eigenschaft ist wichtig, wenn es darum geht, einen Trade im konstanteren Bereich des Börsenmarktes anzusetzen. Speziell in den Anfängen, wenn die Erfahrung noch nicht ausreicht, um hohes Risiko in Kauf zu nehmen, können stabilere Kurse dabei helfen, die Kunst des Tradings besser zu erlernen.

FTSE 100

Abschließend möchte ich noch auf einen britischen Aktienindex eingehen. Der FTSE 100, eigentlich „Financial Times Stock Exchange Index“, wird umgangssprachlich auch oft „Footsie“ genannt und stellt den britischen Leitindex dar. Man könnte sagen, er ist das britische Pendant zum DAX. Aufgrund der größeren Anzahl an Unternehmen (100 Stück) gibt es keine Branche, auf die sich spezialisiert wurde. Die Einteilung erfolgt ähnlich wie beim NASDAQ 100 anhand der größten Unternehmen, welche in dem Fall an der Londoner Börse, der „London Stock Exchange“ (LSE), gehandelt werden.

VERANTWORTUNG ÜBERNEHMEN & RISIKEN

Zum Abschluss dieses einleitenden Kapitels möchte ich noch einmal zusammenfassend darauf hinweisen, dass jegliche Arten von Investments niemals von Risiken ausgeschlossen sind. Geld ist eine menschengemachte Währung, die besonders für Krisen sehr anfällig ist. Wenn Sie Ihr Geld schützen möchten, ist das Investment in ein Festgeldkonto, die Lagerung auf einem Tagesgeldkonto oder das Verstecken im Kleiderschrank zwar eine Möglichkeit, aber zu 100 Prozent sicher ist es niemals. Wenn Sie dahingehend ernsthafte Sorgen hegen, empfehle ich das Umtauschen des zurückgelegten Geldes in verschiedene Währungen, sodass es auch bei einer Krise des Euros noch zum Teil Bestand hat.

Des Weiteren möchte ich an Sie appellieren, dass Sie die einzige Person sind, die ein Recht dazu hat, über Ihr Geld zu verfügen. Lassen Sie sich von Beratern, Ratgebern oder Freunden, die sich als Experten ausgeben, nicht dazu drängen, riskante Investitionen zu tätigen. Wenn Sie sich dabei nicht wohlfühlen, ist das vollkommen in Ordnung. Machen Sie in solchen Situationen lieber einen Schritt zurück, als mit zwei Schritten vorwärts in das Feuer zu laufen. Daran anknüpfend sollten auch Ihre Erwartungen an Investments nicht zu hoch sein. Ja, es gibt Investoren, die auch über einen längeren Zeitraum zweistellige Renditen erzeugen konnten. Doch lassen Sie sich davon nicht zu sehr beeinflussen. Auch bei aktiven Investments ist es das oberste Ziel, die Marktrendite (gemessen beispielsweise anhand der Entwicklung des MSCI World Index) zu erreichen. Der Unterschied ist dabei, dass es auch die Möglichkeit gibt, darüber hinaus zu kommen und einen hohen Gewinn zu erzielen – das wird allerdings nicht die Regel sein.

Jegliche Form von Trading und Daytrading ist ein sehr risikovolles Investment. Auch wenn das eingesetzte Geld innerhalb weniger Minuten zurückgeholt werden kann und nicht weit entfernt scheint, summieren sich kleine Verluste enorm. Setzen Sie insbesondere in den Anfängen nur so viel Geld beim Traden ein, wie Sie auch verkraften können, falls es verloren geht. Dasselbe gilt ebenso für andere Hochrisikoinvestments wie Derivate, Spekulationen, Bitcoins, Penny-Stock-Aktien oder FinTechs. Fühlen Sie sich nicht von den möglichen Gewinnen dazu gedrängt, ähnliche Resultate wie andere zu erzielen – es ist nur sehr selten möglich.

Grundlagen des Tradings

DAYTRADING – WAS IST DAS?

Was Aktienhandel bedeutet und welche Vorteile Wertanlagen dieser Art mit sich bringen, habe ich Ihnen bereits ausführlich erläutert. Nun werde ich speziell darauf eingehen, was Daytrading, oder auch kurz Trading genannt, eigentlich bedeutet. Im Kern stellt es eine sehr schnelle Form des Aktienhandels dar, bei dem die erworbenen Wertpapiere innerhalb kurzer Zeit wieder verkauft werden und somit aktiv auf kurzfristige Gewinne spekuliert wird. Die Bezeichnung „spekulieren" trifft dabei allerdings nur bedingt zu, denn es wird anhand eindeutiger Muster, Regeln und Schemata entschieden, welche Aktie gekauft wird, zu welchem Zeitpunkt dies geschieht und wann sie wieder verkauft wird. Die Zeitspanne zwischen Erwerb und Verkauf liegt optimalerweise innerhalb eines Tages, manchmal geschieht dies sogar in ein paar wenigen Minuten. Doch auch das Halten der Anlage über mehrere Tage ist nicht ungewöhnlich, um große Verluste zu vermeiden.

Um Trading zu erlernen, erhalten Sie in diesem Ratgeber unter anderem konkrete Tipps und Handlungsempfehlungen, wie Sie mit bestimmten Situationen umgehen sollten. Dazu gehört beispielsweise das Identifizieren von Mustern wie Dreiecken oder Flaggen, welche Aufschluss darüber geben, ob der Aktienkurs in den nächsten Momenten steigen oder fallen wird. Das Interessante: Auch mit fallenden Kursen kann ein geübter Daytrader Gewinne erzielen. Wie das funktioniert, erfahren Sie in den Kapiteln zu „Daytrading erlernen". Wurden exakte Muster identifiziert, ist eine Interpretation dieser zwingend notwendig. Das funktioniert allerdings nicht ausschließlich mithilfe des Aktiencharts, welcher die aktuellen Kursschwankungen abbildet. Notwendigerweise sollte auch die Betrachtung der historischen Entwicklung des jeweiligen Wertpapiers sowie das Analysieren der Unternehmenskennzahlen einbezogen werden. Dass letzterer Schritt nach oftmaligem Handeln mit derselben Aktie bzw. mit dem eigenen Depot nicht immer nötig ist, erklärt sich von selbst, da Sie schon bald umfangreiches Wissen über die Wertpapiere in Ihrem Depot besitzen werden, sodass Sie wissen, worauf es besonders zu achten gilt. Dies leitet den kommenden Aspekt des Daytradings ein: Kein Handel ist gleich.

Viele Aktiencharts sehen ähnlich aus und sind dennoch verblüffend unterschiedlich, nicht selten nur bezüglich kleiner Details. Doch weshalb ist dieser Faktor insbesondere für Daytrader von großer Bedeutung? Da die erworbenen Aktienanteile nach sehr kurzer Zeit wieder abgestoßen werden sollen, sind besonders die kleinen Schwankungen für Daytrader von Interesse. Das hat zur Folge, dass sich aus der Kenntnis ähnlicher Aktiencharts zwar einfacher Symbole erkennen lassen, die Entwicklung jedoch niemals identisch sein wird. Zu viele Faktoren spielen dafür eine Rolle. Für den Trader bedeutet das, dass er sich niemals sicher in seiner Handlung oder über die Entwicklung des Kurses sein kann: Lediglich die Wahrscheinlichkeit für eine positive Entwicklung kann durch genaue Analyse geschätzt werden, sodass auf lange Sicht ein Gewinn erwartet werden kann. Worauf ich hinweisen möchte, ist, dass es kein sicheres Schema gibt, welches Sie in jedem Fall zu einer hohen Rendite führt und welches Sie bei allen Arten von Aktien verwenden können. Jede Situation ist einzigartig und sollte präzise beurteilt werden, bevor wichtige Entscheidungen getroffen werden.

Abschließend möchte ich Sie in diesem Grundlagenkapitel darauf hinweisen, dass Sie besonders während Ihrer Anfänge im Trading keine zu hohen Erwartungen hegen sollten. Das Erlernen des aktiven Investierens ist umfangreich und erfordert neben Wissen auch eine Menge Geduld. In den meisten Fällen lässt es sich nicht vermeiden, zu Beginn mit Verlusten umzugehen. Insbesondere sehr erfolgreiche Trader mussten aus Ihren Fehlern lernen und sind daran gewachsen. Erwarten Sie deshalb nicht zu viel von sich selbst und setzen Sie sich nicht zu sehr unter Druck, wenn ein Trade nicht so verläuft, wie Sie es geplant hatten. Es ist außerdem von großer Bedeutung, dass Sie die Grundprinzipien des Investierens, wie ich sie im ersten Kapitel „Einleitung" vorgestellt habe, ausnahmslos beachten. Sie sind eine essenzielle Voraussetzung für Erfolge im Daytrading und sollten niemals vernachlässigt werden. Der Erfolg kommt nach möglichen Schwierigkeiten zum Start oftmals ganz von allein.

WESHALB IST DAYTRADING SO BELIEBT?

Erst seit dem Aktivwerden der Börse und dem Nutzen des Internets für Finanztransaktionen sind viele Formen des Investments in Wertpapiere überhaupt erst möglich gemacht worden. Dazu zählt neben dem Bekanntwerden der durchschnittlichen Marktrendite als Grundbaustein des passiven Investierens auch die Möglichkeit, innerhalb kürzester Zeit über Kursänderungen informiert zu werden und diese für sich nutzen zu können. Wenig verwunderlich ist es daher, dass das Trading und die Spezialform Daytrading noch sehr junge Varianten des aktiven Investierens sind und insbesondere durch die Unterstützung von speziellen Apps und anderen Anwendungen sehr dynamische Systeme sind, welche sich in dauerhaftem Wandel befinden.

Doch weshalb nutzen so viele Trader die heutigen Möglichkeiten, den Marktzins zu schlagen? Die einfachste Antwort darauf ist, weil es sich lohnt. Man sieht besonders durch die Verbreitung im Netz, dass viele damit Erfolg haben, und man möchte das eigene Wissen ebenfalls dafür nutzen. Im weiteren Sinne sorgen auch bekannte Apps wie Trade-Republic mit viel Werbung dafür, dass die Bekanntheit des Tradings innerhalb der Bevölkerung steigt. Möglicherweise erinnern auch Sie sich gerade an die Werbung im Fernsehen oder vor einem YouTube-Video, wie eine junge Frau während der S-Bahn-Fahrt Trades abschließt und ihr Finanzmanagement spielend einfach in den Alltag einbezieht.

Ein entscheidender Vorteil des Daytradings ist die hohe Liquidität. Wie bereits angesprochen, bildet das Dreieck aus Rentabilität, Risiko und Liquidität die Basis einer guten Investition. Da die Liquidität am Ende jedes Trading-Tages nahezu vollständig wiederhergestellt und das Risiko aufgrund des Geldeinsatzes sehr variabel gestaltbar ist, fällt das Augenmerk hierbei besonders auf die Rentabilität – und die wird in den höchsten Tönen gelobt. Selbstverständlich ist es nicht ratsam, sich von einzelnen, erfolgreichen Tradern beeinflussen zu lassen, jedoch ist das hohe Potenzial unbestritten. Da die Zeitspannen des Tradings so enorm kurz sind, lassen sich Verluste außerdem sehr schnell durch Gewinne kompensieren. Der Anreiz, viel einzusetzen und viel zu gewinnen, ist enorm hoch und fördert die Beliebtheit unter Anlegern – welche nicht selten das Risiko dabei unterschätzen. Auch deshalb spielt das Thema Risiko in diesem Ratgeber eine wichtige Rolle, um Sie bestmöglich auf verschiedene Situationen vorzubereiten. Trotz der kurzen Zeitspannen und den permanenten Marktbewegungen stellt Trading eine vermeintlich zukunftssichere Methode dar, Investitionen zu tätigen.

Es ist nicht davon auszugehen, dass die Form des Tradings, wie sie heutzutage betrieben wird, sich in den nächsten Jahren radikal ändert. Das liegt insbesondere daran, dass die Mechanismen des Börsenmarktes fest verankert und über viele Jahre erprobt sind. Neben der Finanzkrise haben sie beispielsweise auch die Corona-Krise im Frühjahr 2020 überstanden. Der Aktienmarkt wirkt auf viele Beginner sehr stabil und seriös – und das ist er auch. Dies ist nur einer der Gründe, weshalb immer mehr Menschen anfangen, aktive Investments zu tätigen und sich für Trading zu interessieren. Denn es lohnt sich.

WOMIT WIRD INSBESONDERE GEHANDELT?

Während sich Fondssparer auf verschiedene Aktienpakete und ETF-

Sparer auf Indizes und einzelne Aktien konzentrieren, haben Daytrader kein festgeschriebenes Ziel, welche Aktien erworben werden. In den meisten Fällen handelt es sich allerdings um einzelne Aktien von Unternehmen, welche auf lange Sicht eine Risikoanlage darstellen würden. Das sorgt dafür, dass die täglichen Schwankungen dabei höher sind als bei der ETF-Variante eines Index. Des Weiteren gehören auch CFDs zur täglichen Ware von erfahrenen Tradern. Mithilfe von CFDs können Wetten auf Kursverläufe abgeschlossen werden, wobei dies lediglich eine deutlich vereinfachte Darstellung eines sehr komplexen Finanzproduktes ist. Mehr über CFDs erfahren Sie ausführlich im weiteren Verlauf dieses Ratgebers.

Möglicherweise haben Sie auch schon einmal vom Devisenmarkt gehört bzw. Sie sind mit Devisenhandel in Kontakt gekommen. Zu Englisch wird er auch als Forex Trading bezeichnet, was eine Abkürzung für Foreign Exchange Trading ist. Im Allgemeinen wird bei dieser oft als Alternative zum Aktienmarkt genannten Variante darauf spekuliert, wie sich zwei Währungen zueinander verhalten. Besonders am Devisenmarkt hervorzuheben ist die sogenannte Volatilität. Diese beschreibt im Grunde, wie hoch die Anzahl der sich auf dem Markt befindenden Anbieter und Nachfrager ist, sodass permanente Dynamik herrscht und größere Schwankungen möglich sind. So ist es für Trader also auch bei anderen Märkten abseits des Devisenmarktes wichtig, dass sie eine hohe Volatilität vorweisen. Ein weiterer Vorteil des Devisenmarktes ist unter anderem die strenge Regulierung und das stetige Wachstum des Marktes.

Ich hoffe, dass Sie mithilfe dieses kurzen, aber meiner Meinung nach sehr wichtigen Kapitels einen allgemeinen Überblick darüber bekommen haben, welche Produkte für Sie beim Trading von großem Interesse sind und von welchen Sie vor allem zu Beginn eher die Finger lassen sollten.

Was Sie vor dem Kauf beachten sollten

AUSWAHL DES ONLINEDEPOTS FÜR TRADER

Bevor Sie damit starten, Aktien zu erwerben, und sich einmal mit der theoretischen Thematik in der Praxis auseinandersetzen können, gibt es noch einige Faktoren, die beachtet werden müssen. Da die Vorbereitung auf das Trading weit mehr als die Hälfte zu erfolgreichen Geschäften beiträgt, ist dieses Kapitel von enormer Bedeutung. Neben der Depotauswahl kommen noch viele weitere Aspekte auf Sie zu, über die Sie sehr gut informiert sein sollten und welche ich in diesem Kapitel Schritt für Schritt erläutere.

Was ist überhaupt ein Onlinedepot? Nun, diese Frage lässt sich schnell beantworten. Das Onlinedepot, auch Broker genannt, ersetzt die Aufgabe der Bank. Wollten Sie vor Zeiten des Internets eine Aktie erwerben oder in einen Fonds investieren, waren Sie darauf angewiesen, dass die Bank für Sie die Arbeit übernimmt. Sie geben bei Ihrem Berater bzw. Ihrer Beraterin den Auftrag, für eine gewisse Summe Anteile zu erwerben, und dieser wird dann einmalig oder monatlich ausgeführt. Der Nachteil daran: Die Bank verlangt dafür Gebühren. Schließlich waren diese Aufgaben ein großer Teil des Geschäftsmodells und sind es zum Teil auch heute noch. Mittlerweile benötigen nur noch wenige Anleger eine individuelle Beratung und greifen deshalb auf kostengünstigere Onlinedepots zurück. Diese verwalten im Grunde genommen Ihr Sondervermögen, also jenes, welches Sie in Wertpapiere investiert haben.

Dafür wird Geld von Ihrem privaten Bankkonto auf Ihr persönliches Konto des Brokers überwiesen und damit wird dann investiert. Die meisten Broker bieten neben einzelnen Aktienkäufen auch Sparpläne, ETFs und attraktive Möglichkeiten, zu traden.

Zunächst möchte ich noch einmal darauf eingehen, welche Aspekte für Sie als Daytrader besonders wichtig sind und inwieweit sich Plattformen für Trader von Plattformen für Anleger mit langfristigem Interesse unterscheiden. Dafür lohnt es sich, herauszufinden, womit diese Plattformen zum großen Teil Geld verdienen.

Bei der Kontoeröffnung fallen heutzutage nur noch selten Gebühren an und teilweise erhalten Sie als Kunde sogar Boni, wenn Sie auf eine andere Plattform wechseln. Auch die bei herkömmlichen Banken beliebten Kontoführungsgebühren fallen bei den allermeisten Plattformen mittlerweile weg, sodass auch dieser Faktor so gut wie keine Rolle mehr spielt. Das meiste Geld verdienen Broker durch die Vermittlung und den darauffolgenden Abschluss von Transaktionen. Beim Erwerb sowie beim Verkauf von Aktien fallen Gebühren an, die je nach Broker unterschiedlich hoch sind und sich auch von Wertpapier zu Wertpapier unterscheiden, denn oftmals sind die Vermittlungsgebühren für nichteuropäische Käufe teurer. Diese Gebühren können als Festgebühren, also beispielsweise fünf Euro je Kauf, oder als Prozentsatz anfallen, beispielsweise zwei Prozent des Kaufpreises.

Welches Modell insbesondere für Langzeitanleger sinnvoller ist, lässt sich einfach anhand der Höhe der Investition feststellen. Grundsätzlich gilt: Je höher der Kaufpreis, desto beliebter sind Festpreise. Wenig verwunderlich ist es also, dass die Broker den Kunden dazu verleiten wollen, ihr Portfolio oft zu überarbeiten und somit viele Transaktionen abzuschließen. Dieses Verhalten beeinflusst zwar die reale Rendite des Investors merklich, da die Gebühren teilweise bis zu drei Prozent des Gewinns ausmachen, der Kunde erhofft sich allerdings mehr Gewinn vom Verkauf. Dass das vor allem bei aktiven Investoren, welche oft nach Bauchgefühl und Expertenmeinungen handeln, der Fall ist, ist offensichtlich.

Das Ziel für Trader ist es daher, eine Plattform zu finden, welche möglichst geringe Gebühren für die Trades verlangt und auch bei den restlichen, allgemein anfallenden Gebühren nicht zu teuer ist. Neben diesem Kostenfaktor sind auch Aspekte wie die Bedienung, die Übersichtlichkeit, die Verfügbarkeit von Aktien und Börsen und vielem mehr entscheidend. Worauf Sie persönlich Ihr Augenmerk legen, bleibt Ihre individuelle Entscheidung. Um die Spannung bereits herauszunehmen: Ich bevorzuge übersichtliche Plattformen, welche besonders mit Performance überzeugen. Aus Erfahrung weiß ich allerdings, dass für viele Trader die Kostenfrage eine deutlich wichtigere Rolle spielt, sodass ich in diesem Kapitel besondere Aufmerksamkeit darauf richten werde. Die drei vorgestellten Tradingplattformen zeichnen sich insbesondere durch die niedrigen bis teilweise gar nicht vorhandenen Gebühren aus.

Etoro

Die erste Plattform, auf die ich eingehen möchte, heißt Etoro. Möglicherweise haben Sie bereits von diesem Broker mitbekommen, da insbesondere auf Social Media eine Menge Werbung dafür geschaltet wird. Und das ist gewiss kein Zufall: Denn Etoro ist eine Plattform, welche besonders das Miteinander unterstützt und Ihnen die Möglichkeit bietet, sich mit anderen Tradern oder Freunden zu vergleichen. Darüber hinaus lernen Sie von diesen auch die Strategien kennen und können sich stetig weiterentwickeln bzw. ausprobieren. Ein weiterer Faktor sind die geringen Nutzungskosten. Registrierungsgebühren sowie Kontoführungsgebühren gibt es nicht, ebenso wenig wie Gebühren beim Kaufen und Verkaufen der Aktien. Dafür kann Etoro bei dem Thema Performance, Übersicht und Kundenbetreuung nicht herausstechen. Aufgrund der Null-Gebühren-Politik der Plattform müssen Trader Abstriche bei der Bedienung machen und sie können sich bei Problemen meist nur an einen Computerassistenten wenden – persönliche Gespräche sind nicht selten mit langer Wartezeit verbunden. Ein weiterer negativer Aspekt ist die Währung: Auf Etoro wird grundsätzlich nur mit US-Dollar gehandelt. Das könnte für manche Trader vor allem in den Anfangszeiten ungewöhnlich sein und bürgt die Gefahr, dass der Bezug zum Geld ein wenig verloren geht. Das ständige Umrechnen in Euro ist auf Dauer nervig und kann auch für kleinere Verluste beim Einzahlen sorgen, denn der Wechselkurs wird von Etoro vorgegeben. Die einzigen Gebühren, die auf der Plattform im für Sie interessanten Geschäft anfallen, sind fünf Dollar je Auszahlung. Etoro versucht so, seine Kunden langfristig zu binden, und schafft das meiner Meinung nach auch sehr gut. Wer sich einmal mit dem System zurechtgefunden und den Dollar verinnerlicht hat, der hat kaum einen Grund, auf eine andere Plattform zu wechseln, und bleibt deshalb langfristig bei Etoro. Eine Win-Win-Situation.

Flat-Ex

Ein in Deutschland deutlich bekannterer Broker ist Flat-Ex. Diese Plattform bietet neben den Möglichkeiten zum Trading auch Sparpläne und diverse andere Finanzprodukte zu attraktiven Konditionen an. Auffällig ist die sehr ansprechende Ordermaske, in der schnell und einfach Trades verwaltet werden können und eine Transaktion innerhalb weniger Sekunden abgeschlossen ist. Außerdem gefällt mir persönlich die Performance der Seite deutlich besser als bei anderen Anbietern, da das Layout und auch die Aktionen flüssiger laufen. Neben diesen Aspekten spielen hierbei allerdings die Gebühren eine größere Rolle als zuvor bei Etoro. Es existiert eine Kontoführungsgebühr von 0,1 Prozent im Jahr, welche zwar meist nicht ins Gewicht fällt, bei anderen Brokern jedoch schlichtweg nicht vorhanden ist. Des Weiteren sind viele Trades nicht kostenlos. Je Order wird bei Goldpartnern, dazu gehören unter anderem UBS und Morgan Stanley, eine Gebühr von 1,90 Euro fällig. Eine Order von Produkten von Silberpartnern kostet 3,90 Euro und alle weiteren 5,90 Euro. Doch viel interessanter sind für Trader auf dieser Plattform die sogenannten Platinpartner, welche gar keine Ordergebühren verlangen. Dazu gehören alle Produkte von Goldmann Sachs, welche allein bereits eine erstaunliche Auswahl bieten. Um das Thema Flat-Ex abzurunden, möchte ich noch darauf aufmerksam machen, dass die Orderermäßigungen erst ab einem Ordervolumen von 500 Euro (Platinpartner) bzw. 1.000 Euro (Gold- und Silberpartner) gelten. Sie bemerken, dass bei Flat-Ex insbesondere mit sehr hohen Summen gehandelt wird, was für Sie momentan eventuell unrealistisch erscheint, ab einem gewissen Erfahrungslevel allerdings schon näher rückt, als Sie momentan vermuten. Und übrigens: Trades mit Aktien aus allen Regionen innerhalb Europas und den USA haben denselben Preis und fallen unter die Ermäßigungen. Behalten Sie diese Plattform unbedingt im Hinterkopf und lassen Sie sich bei größeren Trades von der Performance und der Ordermaske überzeugen.

TradeRepublic

TradeRepublic ist besonders in den letzten Jahren immer stärker gewachsen und hat sich dadurch in den Vordergrund der Tradingplattformen gespielt. Um den größten Vorteil bereits jetzt deutlich zu machen: Bei TradeRepublic gilt momentan eine Fremdkostenpauschale eines Euros. Das bedeutet, dass bei jeder Order genau ein Euro an Gebühren anfällt. Dabei spielt es keine Rolle, in welcher Region das Unternehmen der Aktie ansässig ist oder in welcher Branche es aktiv ist. Ebenso gibt es mittlerweile keine laufenden Gebühren mehr, sodass Kontoführungsgebühren und Negativzinsen, wie es bei Flat-Ex üblich ist, wegfallen. Des Weiteren bietet diese Plattform eine enorme Auswahl an Finanzprodukten und insbesondere auch an Tradingmöglichkeiten. Dies ist der größte Unterschied zu Etoro, welches zwar durch die fehlenden Gebühren glänzt, jedoch in der Auswahl im Vergleich zu TradeRepublic und Flat-Ex deutlich schwächer aufgestellt ist. Als Negativaspekt lässt sich anführen, dass diese Plattform sehr stark auf Mobilität setzt. Ziel ist es, Trading und weitere Finanzgeschäfte in den Alltag zu integrieren und so die Kunden dazu zu ermutigen, mehr Transaktionen abzuschließen. Das ist auch der Grund dafür, weshalb es weiterhin keine Desktopversion für

TradeRepublic gibt und Sie auf das Smartphone oder Tablet angewiesen sind. Ich persönlich empfinde das Design und die Performance der App als sehr flüssig, aber teilweise leider auch ein wenig unpräzise. Die Aktiencharts werden im Standarddesign oft ohne Skala angegeben, sodass die Entwicklungen teilweise nur schwer einzuordnen sind. Auch das hat seinen Ursprung in der erzwungenen Mobilität, was für mich jedoch nicht immer zielführend ist.

Ich persönlich bin vor einiger Zeit von Flat-Ex auf TradeRepublic gewechselt, nutze aber weiterhin noch beide Plattformen. Der Hauptgrund für diesen Wechsel waren die zugegebenermaßen sehr günstigen Orderkonditionen und die vielfältige Auswahl. Dennoch nutze ich für längere Sessions gern meinen Laptop mit Flat-Ex, weil ich mich auf dieser Plattform sehr gut auskenne. Und genau das ist auch mein Tipp an Sie: Lassen Sie sich nicht zu sehr von Angeboten neuer Plattformen locken, wenn Sie sich bereits an eine solide Plattform gewöhnt haben. Ständig werden neue Plattformen gelauncht und suchen nach Kunden, einfach, weil das Geschäftsmodell momentan sehr beliebt ist. Solange Sie stetige Erfolge mit Tendenz zum Wachstum verzeichnen, gibt es meiner Meinung nach wenige Gründe, weshalb Sie sich plötzlich vollkommen umstellen sollten. Gegen ein Testen neuer Plattformen spricht allerdings nichts und dazu rate ich auch – vielleicht wird es Liebe auf den ersten Blick.

UNTERNEHMENSKENNZAHLEN

Möglicherweise haben Sie bereits von der einen oder anderen Kennzahl für Unternehmen gelesen, konnten diese allerdings nicht genau zuordnen bzw. wussten nicht, woraus sie sich zusammensetzt. Unternehmenskennzahlen, auch Aktienkennzahlen genannt, sind für Sie als Anleger oder Trader enorm wichtig. Sie geben Auskunft darüber, wie gut verschiedene Firmen in unterschiedlichen Bereichen positioniert sind und der Vergleich mit historischen Kennzahlen spiegelt meist eindeutige

Trends wider. Deshalb ist es unabdingbar, dass Sie sich vor dem ersten Trade mit den Fakten einer Aktie auseinandersetzen und diese verstehen – und dazu gehören auch die Kennzahlen. Des Weiteren geben Sie Aufschluss darüber, ob der momentane Kurs der Aktie eher als zu hoch oder zu niedrig angesehen werden kann. Aus dieser Erkenntnis kann eine Prognose abgegeben werden, wie sich der Kursverlauf in der nächsten Zeit – je nachdem, wie weit Ihr Horizont gewählt wurde – verändert. Außerdem lässt sich beurteilen, wie risikoreich oder sicher eine Aktie dasteht und wie viel Dynamik es deshalb in der kommenden Zeit geben wird. Als Trader sind daher insbesondere die Kennzahlen wichtig, welche auf eine Aktie hinweisen, die mit hohem Risiko verbunden ist.

Bevor es so richtig losgeht, möchte ich noch auf ein paar weitere Aspekte eingehen. Der wichtigste dieser Aspekte ist, dass eine Unternehmenskennzahl niemals alleinige Aussagekraft über einen Faktor hat. Es ist stets der Kontext zu betrachten, in den die Zahl eingebettet ist. Dieser könnte beispielsweise sein, dass die geografische Lage des Unternehmens dafür sorgt, dass dieser spezielle Wert besonders hervorsticht. Anderseits ist es auch möglich, dass das Unternehmen vor einiger Zeit eine interne Schwäche erkannt hat und deshalb besonders am Ausbau dieser Zahl gearbeitet hat. Ist das der Fall, hat die Kennzahl logischerweise weniger Aussagekraft, da sie nicht auf natürliche Weise zustande gekommen ist. Ein weiterer Faktor ist, dass bestimmte Kennzahlen in manchen Branchen von Natur aus höher sind. Deshalb ist es nicht sinnvoll, eine Kennzahl, welche Aufschluss über das Umsatzvolumen gibt, von einem Unternehmen aus der Finanzbranche mit einem Unternehmen aus einer Nischenbranche zu vergleichen. Aufgrund des Marktpotenzials wird das Unternehmen aus der Finanzbranche deutlich höhere Umsätze erzielen – aber spiegelt sich das auch im Gewinn wider? Ein Gegenüberstellen einer Aktienkennzahl ist in den meisten Fällen nur innerhalb derselben Branche sinnvoll.

Im Internet und in anderen Quellen werden sie eine große Menge an

Kennzahlen finden, welche zwar alle so existieren, aber teilweise nicht wirklich aussagekräftig sind. Das liegt vor allem an möglicherweise nicht relevanten Daten, die in diesen Quellen ausgewertet werden, aber auch an zu hoher Komplexität, welche eine Interpretation teilweise unmöglich macht. Aus diesen Gründen habe ich Ihnen im Folgenden eine Übersicht über die zehn wichtigsten Unternehmenskennzahlen zusammengestellt und Ihnen erläutert, was Sie bei der Interpretation dieser beachten müssen.

1. Umsatzwachstum

Hier geht es einzig und allein um den Umsatz, den das Unternehmen erzielen konnte. Als Beispiel für dieses Kapitel nutze ich einen imaginären Autohändler, welcher Autos günstig einkauft und sie in einem besseren Zustand an seine Kunden verkauft. Das Umsatzwachstum des Autohändlers bestimmt sich lediglich aus den insgesamt verkauften Autos, also der Summe aller geschriebenen Rechnungen eines Jahres bzw. bei börsennotierten Unternehmen eines Quartals. Es beschreibt daher keine Entwicklung, sondern eine statische Größe, die mit den Vorjahren verglichen werden kann und im Vergleich zu Firmen derselben Branche Auskunft über die Größe des Betriebes gibt. Generell gelten Unternehmen mit umso höherem Umsatz als sicherer, da meist eine konstante Einkommensquelle und Stammkunden vorhanden sind, sodass auch in Krisenzeiten ein finanzielles Polster aus den Erlösen erspart werden kann.

2. Eigenkapitalrendite

Diese Kennzahl ist für Anleger deutlich interessanter als das zuvor erläuterte Umsatzwachstum. Bei der Eigenkapitalrendite wird der erzielte Jahresüberschuss durch das eingesetzte Eigenkapital dividiert. Der Jahresüberschuss kann durch das Subtrahieren aller Kosten eines Geschäftsjahres vom Gesamtumsatz berechnet werden, sodass dieser den gesamten Gewinn darstellt. Nicht selten, insbesondere in den ersten Geschäftsjahren eines Unternehmens, wird ein negativer Jahresüberschuss erzielt, der in den kommenden Jahren ausgeglichen werden muss. Dividiert man nun diesen Gewinn durch das Eigenkapital, welches sich unter anderem aus den Nennwerten der verkauften Aktien zusammensetzt, erhält man die Eigenkapitalrendite. Anhand dieser lässt sich eine Aussage darüber machen, wie sinnvoll das Geld im Unternehmen eingesetzt wurde und welche Rendite dieses Geld in Prozent erwirtschaftet hat. Insbesondere die Miteigentümer der Firma können so feststellen, wie erfolgreich ihr eingezahltes Geld angelegt ist. Eine hohe Eigenkapitalrendite ist für den Anleger ein sehr gutes Zeichen –allerdings ist sie meist auch mit einem hohen Kurswert verbunden.

3. EBITDA-Marge

EBITDA ist die englische Abkürzung von „Earnings before Interest Tax Depreciation and Amortization". Doch was soll das bedeuten? Hierbei handelt es sich um den erzielten Umsatz abzüglich aller Kosten, die direkt mit diesem in Verbindung stehen. Das bedeutet, dass alle Kosten abgezogen werden, die nötig waren, um diesen Umsatz zu erzeugen. Dazu gehören neben Strom und Miete für die Geschäftsräume auch die Personalkosten und die Einkaufskosten von Ersatzteilen für die Autoreparaturen am Beispiel des Autohändlers. Mithilfe dieser Kennzahl lässt sich vor allem die Effizienz des Betriebes überprüfen, weshalb sie auch oft firmenintern verwendet wird.

4. Eigenkapitalquote

Zur Berechnung der Eigenkapitalquote wird das gesamte Eigenkapital des Unternehmens durch die Bilanzsumme dividiert. Die Bilanzsumme ergibt sich aus der Addition aller Posten der Aktiv- oder Passivseite. Diese beiden Seiten gleichen sich stets aus, wobei sich auf der Aktivseite die Vermögensgegenstände und der Kassengeldbestand befinden, auf der Passivseite das Eigenkapital und die Schulden. Mithilfe dieser Kennzahl lässt sich die Stabilität der Unternehmung feststellen, denn Eigenkapital ist enorm wichtig. Ist die Eigenkapitalquote verhältnismäßig hoch, ist die Firma in der Lage, mit eigenen Mitteln Verluste auszugleichen und Krisen zu überstehen bzw. neue Projekte zu finanzieren. Ab einer Eigenkapitalquote von in etwa 30 bis 35 Prozent gilt ein Unternehmen als stark eigenfinanziert.

5. Fremdkapitalquote

Das Pendant zur Eigenkapitalquote stellt diese Kennzahl dar. Mithilfe der Fremdkapitalquote kann der sogenannte Verschuldungsgrad des Unternehmens festgestellt werden. Hierfür wird das gesamte Fremdkapital, also aus Krediten und Verbindlichkeiten aus Lieferungen und Leistungen, durch die eben erläuterte Bilanzsumme geteilt. Liegt der Verschuldungsgrad über 70 Prozent, ist das ein Anzeichen für eine starke Verschuldung und eine hohe Abhängigkeit gegenüber externen Geldgebern. Das kommt vor allem bei Firmen in den Anfangsjahren oder während Krisen vor. Übrigens: Der Verkauf von Aktien – und somit an Anteilen am eigenen Unternehmen – fließt nicht in das Fremdkapital ein, sondern in den Posten des Eigenkapitals. Das liegt daran, dass Anleger bei Insolvenz kein Anrecht auf Ausbezahlung des geleisteten Betrages haben und sich freiwillig am Unternehmen beteiligen, weil sie auf Gewinnbeteiligung oder Kursgewinne spekulieren.

6. Marktkapitalisierung

Eine in diesem Buch bereits oft erwähnte und nicht nur deshalb sehr wichtige Kennzahl im täglichen Umgang mit Aktien ist die Marktkapitalisierung. Sie misst anhand von Aktien, wie hoch der Wert eines Unternehmens ist. Dafür wird lediglich die Anzahl der herausgegebenen Aktien mit dem Kurswert multipliziert. Wie Sie bemerken, handelt es sich hierbei um eine simple Kennzahl, welche auch deshalb sehr beliebt ist.

Doch auch, wenn sie sich vor allem bei großen Firmen enorm dynamisch verhält, weil kleine Kursschwankungen bereits große Veränderungen nach sich ziehen, gibt sie keine direkte Aussage darüber, wie sicher oder risikoreich ein Investment in eine Aktie ist. Generell lässt sich allerdings sagen, dass eine hohe Marktkapitalisierung dafür sorgt, dass ein plötzlicher Wertverlust unwahrscheinlicher wird, da größere Unternehmen mehr Möglichkeiten haben, Verluste zu kompensieren.

7. Unternehmenswert

Dieser Wert kann ähnlich wie die Marktkapitalisierung interpretiert werden, obwohl er etwas umfangreicher ist. Zusätzlich zur zuvor erläuterten Kennzahl werden nun noch alle Schulden addiert und die liquiden Mittel abgezogen. Der entstandene Unternehmenswert begründet sich auf dem Ansatz, dass das Unternehmen von einem anderen gekauft werden könnte. Dann würden allerdings zusätzlich zu diesem Betrag noch der restliche Anteil an Eigenkapital und mögliche versteckte Kosten für Werte fällig, die in der Bilanz nicht aufgezählt werden können.

8. Unternehmenswert / Umsatz bzw. Unternehmenswert / EBITDA

Der eben erläuterte Unternehmenswert wird vor allem dafür genutzt, ihn mit verschiedenen Kennzahlen ins Verhältnis zu setzen. Dazu gehört unter anderem der Umsatz. Bei dem herauskommenden Wert handelt es sich um ein komplexes Konstrukt, welches eine Aussage darüber erlaubt, wie viel Geld Investoren für einen Anteil am Unternehmen zu zahlen bereit sind – unabhängig vom eigentlichen Nennwert der Aktie. Wird der Unternehmenswert durch die EBITDA-Marge geteilt, geht es spezieller um den Gewinn und weniger um den Gesamtumsatz. Diese Eigenschaft sorgt dafür, dass die Kennzahl häufige Verwendung in der Praxis findet, da der Gewinn eine begründetere Aussage über die Stabilität der Unternehmung erlaubt als der Umsatz.

9. Kurs-Gewinn-Verhältnis (KGV)

Zum Abschluss dieser Übersicht dürfen zwei essenzielle Aktienkennzahlen nicht fehlen. Eine davon ist das Kurs-Gewinn-Verhältnis, welches oft nur mit KGV abgekürzt wird. Dabei wird die Marktkapitalisierung durch den Jahresüberschuss geteilt. Erzielt das Unternehmen regelmäßige Jahresüberschüsse, kann so errechnet werden, wie lange Investoren auf die Rentabilität ihres Eigenkapitals warten. Dabei sind einstellige Werte oft Top-Werte und mit einer hohen Investition verbunden. Ein KGV von 15 würde daher bedeuten, dass Investoren, welche Eigenkapital in das Unternehmen eingezahlt haben, 15 Jahre warten müssten, bis das Kapital zurückgezahlt ist und Gewinne erwirtschaftet werden, zumindest, wenn das Geschäft in ähnlicher Weise fortgesetzt wird und Jahresüberschüsse in den Höhen der vergangenen Jahre erwirtschaftetet werden. Als Aktienanleger deutet ein hoher Wert des KGV auf ein sehr großes Unternehmen hin, welches stets Überschüsse in akzeptablem Ausmaß erzielt. Der Fakt, dass trotz langer Rentabilität mit fast 15 Jahren dennoch viele Großinvestoren bereit sind, sich am Unternehmen zu beteiligen, beweist den sicheren Stand dieser Firma.

10. Kurs-Buch-Verhältnis (KBV)

Um die Wertentwicklung einer Unternehmung noch präziser einordnen zu können, wird beim KBV eine statische Größe, und zwar das Eigenkapital, als Basis der Berechnung verwendet. Da es für die Ermittlung des Jahresüberschusses mehrere Möglichkeiten gibt, kann das KGV vom Unternehmen selbst in die positive oder negative Richtung beeinflusst werden. Das ist beim Eigenkapital nicht der Fall, denn Veränderungen an dieser Größe werden insbesondere bei großen Kapitalgesellschaften streng überwacht und nachvollzogen. Das Kurs-Buch-Verhältnis wird von den Börsen herausgegeben und erlaubt eine Interpretation der Wertentwicklung. Liegt der KBV dabei über 1, fand im letzten Quartal eine Werterhöhung statt – liegt er darunter, fand entsprechend eine

Wertminderung statt. Doch auch das bietet Chancen für Anleger: Ein KBV, welcher geringer als 1 ausfällt, erlaubt, zum jetzigen Zeitpunkt eine Aktie unter dem letzten Buchwert zu kaufen. Damit steigen die Chancen auf große Gewinne – und Verluste.

EINFLUSSFAKTOREN AUF AKTIEN

Aktienkurse verändern sich, weil Anleger aufgrund von Angebot und Nachfrage den Preis einer Aktie beeinflussen. Dieser wird auf dem Aktienchart abgebildet und sorgt für Gewinne und Verluste. Doch was treibt die Anleger dazu, Aktien zu kaufen und zu verkaufen? In diesem Abschnitt werde ich einige Gründe für die Entscheidungen von Aktienanlegern erläutern.

Jede börsennotierte Kapitalgesellschaft ist gesetzlich dazu verpflichtet, vier Mal jährlich einen Quartalsbericht zu veröffentlichen. Dieser informiert die Anleger über die momentane Geschäftssituation und dient in erster Linie dem Gläubigerschutz. Des Weiteren wird vor bedeutsamen Kundgebungen der Handel mit der betreffenden Aktie ausgesetzt, um Panikverkäufe und Komplettverluste zu vermeiden. So werden die Anleger darüber informiert, wie sich das Unternehmen entwickelt, und diese entscheiden daraufhin, ob sie Aktien kaufen, verkaufen, behalten oder nur beobachten wollen. Als Unterstützung dazu dienen die zuvor erläuterten Aktienkennzahlen, welche die Ergebnisse der Quartalsberichte einordnen und den Anleger mit wenig Aufwand erkennen lassen, wie es um die Situation der Unternehmung steht. Doch welche sind weitere Gründe, die Anleger dazu bewegen können, das Portfolio zu überarbeiten?

Nicht selten kommt es vor, dass sich Aktienkurse aus teilweise unerklärlichen Gründen auf einem sehr hohen Niveau befinden, obwohl die öffentlichen Berichte keinen Boom vorhersagen. Dann können sich auch langfristige Anleger spontan dazu entscheiden, Anteile zu verkaufen und gegebenenfalls zu einem anderen Zeitpunkt die Anteile zu günstigeren Preisen wieder einzukaufen. Im Grunde genommen wurde dann vom Anleger getradet, ohne dass der Aktienchart oder die Hintergründe exakt analysiert wurden. Diese logischen Handlungen haben zur Folge, dass es enorm unwahrscheinlich ist, dass ein Aktienkurs plötzlich für eine lange Dauer stark ansteigt. Zu groß ist die Versuchung, die Anteile zu Top-Preisen abzustoßen. Ähnlich ist es dann auch bei den steilen Kursverfallen nach einem Anstieg. Beobachten aktive Anleger oder Trader das Verhalten, versuchen sie, die Aktie zum höchstmöglichen Kurs zu verkaufen. Fängt dann ein Anleger an, ziehen die anderen aus Angst vor einem stärkeren Verfall nach und der Wert sinkt rasant. Ein Stop ist erst erreicht, wenn der Kurs im Verhältnis zum historischen Chart so niedrig ist, dass sich ein erneuter Einkauf lohnt.

Äußere Einflüsse auf Aktien können neben den Unternehmensberichten auch branchenweite Informationen sein. Boomt eine Branche, wie zum Beispiel die Technologiebranche seit mehreren Jahren, sind die Aktien insbesondere junger Technikunternehmen deutlich beliebter als jene von Startups anderer Branchen. Dabei kennen viele Investoren oft nicht einmal das Geschäftsmodell des Startups, sondern handeln in der Hoffnung, dass eine Investition an vielfachem Wert gewinnt – und das in letzter Zeit mit großem Erfolg. Branchenspezifische Booms lassen sich daher meist aufgrund von Trendfolgern begründen, welche auf steigende Kurse so zeitig wie möglich versuchen, aufzuspringen, und die Kurse stets steigen lassen.

Ein weiterer Faktor für rapide steigende Kurse sind sogenannte Fusionen. Dabei vereinigen sich zwei Unternehmen zu einem Konzern und gleichen die Schwächen der einen durch die Stärken der anderen aus. Nur selten handelt es sich dabei um gleichwertige Unternehmen, sondern viel mehr um Mutter-Tochter-Beziehungen. Das Risiko solcher Fusionen trägt zum großen Teil das Mutterunternehmen, weshalb häufig der Aktienkurs der Tochterfirma positiv beeinflusst wird. Wenn Sie von einer Fusion erfahren, können Sie praktisch stündlich beobachten, wie der Aktienkurs des kleineren Unternehmens steigt und sich der Kurs des Mutterunternehmens entweder in die positive oder negative Richtung entwickelt – je nachdem, wie der Neu-Konzern nun von Experten eingeschätzt wird.

Wie bereits eingangs erwähnt, sind Aktienkurse menschengemacht und somit nicht fehlerfrei. Deshalb möchte ich insbesondere auf Produkttrends aufmerksam machen, welche sich meist auch in den Kursen widerspiegeln. Ein neu herausgebrachter Schuh der Marke Adidas stößt auf viel Kritik und kommt bei den potenziellen Käufern nicht gut an? Kein Problem, denn obwohl sich die gefühlte Stimmung gegenüber der Marke Adidas im Social Media-Bereich und im Alltag kurzfristig ändert, hat dies oftmals kaum Auswirkungen auf das Unternehmen an sich. Aufgrund zahlreicher Tochterfirmen und einer Vielfalt an Kleidungsstücken und alternativen Schuhmodellen wird ein solcher Global Player wie Adidas ein wenig Kritik im Netz nicht davon abhalten, weiterhin enorme Gewinne zu erzeugen. Doch wegen dieser Stimmung aufgrund eines Schuhs sinkt die Aktie höchstwahrscheinlich unverhältnismäßig und bietet Ihnen die Chance, einzusteigen, wenn die Kritik verflacht ist. In solch einer schnelllebigen Zeit wie heutzutage wird der Aktienkurs durch das Bauchgefühl der Anleger so stark beeinflusst, dass Sie mit einem kühlen Kopf hohe Gewinne erzielen können. Dafür gilt es allerdings, herauszufiltern, welche Negativtrends aufgrund menschlicher Verhaltensmuster und welche aufgrund begründeter Fakten stattfinden – manchmal gar nicht so einfach.

Wirtschaftliche Großereignisse, in denen Menschen eine Menge Geld umsetzen, sind ebenso nicht zu vernachlässigen. Mit bestem Beispiel gehen unter anderem Festtage wie Weihnachten oder Ostern voran, an denen viele Geschenke gekauft werden und – noch viel wichtiger – Geld verschenkt wird. Nicht zufällig sind die Wochen nach Neujahr mitunter die umsatzstärksten des gesamten Jahres. Wichtig ist nur, dass Sie

die Wertpapiere entweder bereits Monate vorher erwerben, um jährlich den Weihnachtsboom abzuwarten, oder nach Neujahr besonders aktiv sind, um mit Trading die Tagesschwankungen zu nutzen. Der Vorteil daran ist, dass dies auch andere Trader tun werden und die Volatilität somit deutlich erhöht sein wird. Des Weiteren ist zu erwarten, dass die Kurse wegen der Boom-Phase insbesondere von den großen Unternehmen stetig steigen und das Risiko deutlich verringert wird. Eine Stop-Loss-Marke ist dann nicht immer notwendig, da bei größeren Verlusten nicht lange abgewartet werden muss, bis der Kurs wieder im positiven Bereich ist. Nutzen Sie deshalb den Einflussfaktor von wirtschaftlichen Hochphasen für erfolgreiche Trades oder langfristige Spekulationen.
Ich persönlich rate dazu, stets gut über die aktuelle Lage der Unternehmen informiert zu sein, mit denen Sie häufig traden. So haben Sie die Möglichkeit, große Ereignisse als einer der Ersten zu erfahren und entsprechend zu reagieren, denn nicht immer ist sofort eine Aussetzung des Handels seitens der Börsen notwendig.

Dasselbe gilt für Ankündigungen der Europäischen Zentralbank, welche meist zu genauen Terminen stattfinden. Die momentan durchgesetzte Null-Zins-Politik wird nicht für immer so weitergehen und findet möglicherweise bald, vermutlich allerdings erst in vielen Jahren, ein Ende. Kommt es allerdings soweit, werden zahlreiche Aktienanleger Ihre Anlagen verkaufen und auf die sicheren Finanzprodukte der Banken zurückgreifen. Seien Sie deshalb diesbezüglich immer auf dem neuesten Stand.

Falls Sie nicht vorhaben, am Devisenmarkt zu traden oder Geld anzulegen, lohnt es sich dennoch, über die Stärke verschiedener Währungen informiert zu sein, in denen die Unternehmen den Hauptumsatz generieren, mit deren Aktien Sie traden. Ein stärker werdender Dollar im Vergleich zum Euro ist daher insbesondere für deutsche Unternehmen günstig, welche Ihren Hauptumsatz am US-amerikanischen Markt erzielen. Ihre Umsätze in Dollar sind dann mehr wert als vergleichbare

Umsätze von Unternehmen in Deutschland.

AKTIENSTRATEGIEN

Aktienstrategien werden von aktiven Anlegern genutzt, um mit geringem Aufwand eine sichere Rendite zu erzeugen, die idealerweise den Markt schlägt. Dafür werden sich Anhaltspunkte gesucht, welche ich unter anderem bereits im vorherigen Abschnitt „Einflussfaktoren auf Aktien" umschrieben habe, und anhand dessen Investitionen getätigt. Für Trader sind Strategien dieser Art nur als Ergänzung des Portfolios vorgesehen, da die Hauptrendite mithilfe des Tradings an sich erzielt werden soll. Deshalb wird dafür auch meist das höchste Grundkapital aufgewendet, aber dazu im nächsten Kapitel, „Investitionskapital auswählen und Portfolio erstellen", mehr. Für Daytrader spielen diese Strategien daher nur eine untergeordnete Rolle im Tagesgeschäft, sie helfen allerdings dabei, zu verstehen, wie sich der Markt in verschiedenen Situationen verhält.
Meiner Meinung nach ist es daher ebenso essenziell, neben dem Wissen über die eigene Strategie auch die Strategien der anderen Marktteilnehmer abschätzen zu können – und dementsprechend zu reagieren. Aus diesem Grund stelle ich Ihnen im Folgenden eine Auswahl der gängigsten und in der Vergangenheit erfolgreichsten Aktienstrategien vor. Vielleicht wecken sie Ihre Neugier und schaffen es für einige Zeit sogar in Ihr persönliches Portfolio.

Dividendenstrategie

Diese Strategie darf in keiner Aufzählung fehlen und sorgt bereits seit vielen Jahren für solide Gewinne von Privatanlegern, welche langfristig Kapital investieren. Anders als bei den meisten anderen Strategien setzt die Herangehensweise nicht auf enorme Kursgewinne oder kurzfristige Schwankungen, sondern auf die jährlichen Dividendenauszahlungen, die Unternehmen an ihre Aktionäre tätigen, wenn Gewinne entstanden sind. Eine Übersicht über dividendenstarke Unternehmen bieten Indizes wie beispielsweise der DivDAX, welcher bereits im Abschnitt „Übersicht über die wichtigsten Aktienindizes“ erläutert wurde. Wichtig zu beachten ist, dass manche Unternehmen der Strategie folgen, kurzfristig in Indizes gelistet zu sein, um neue Anleger an Land zu ziehen. Dafür werden eine Zeit lang hohe Dividenden ausgezahlt, die oftmals nicht im Verhältnis zum Jahresüberschuss stehen. So werden sie gelistet, erlangen Aufmerksamkeit und Verfolger der Dividendenstrategie erwerben Aktien, obwohl das Unternehmen in den nächsten Jahren große Projekte geplant hat und deshalb kaum Gewinne verzeichnen wird. Die Dividendenauszahlungen hören oftmals nach einer Platzierung in einem Dividenden-Index auf. Des Weiteren sollten Investoren vor dem Erwerben von Anteilen die sichere Stellung des Unternehmens überprüfen, in etwa anhand von Kennzahlen wie der Eigenkapital- oder der Fremdkapitalquote. Aber auch die Marktführereigenschaft deutet auf eine sichere Aktie hin.

Dividend-Low-5-Strategie

Ebenso an dem Konzept hoher Dividendenzahlungen orientiert sich diese Strategie. Hierbei wird noch stärker mit einem Index zusammengearbeitet, beispielsweise mit dem DivDAX. Die Anleger investieren in die fünf am niedrigsten bewerteten Aktien des Indizes und halten das Wertpapier für mindestens ein Jahr. Davon erhoffen sich die Investoren neben hohen Dividenden ebenso hohe Wertsteigerungen. Der Gefahr, dass Unternehmen lediglich aufgrund der Eigenkapitalgewinnung durch Aktienanleger hohe Dividenden gezahlt haben und dieses Konzept in Zukunft nicht weiter verfolgen, wird durch das zusätzliche ausnutzen steigender Kurse entgegengewirkt. So können die möglicherweise dadurch entstandenen Lücken geschlossen werden. Traden Sie daher mit Aktien, welche sich in Dividenden-Indizes befinden, sollten Sie sich darauf einstellen, dass diese nach den Dividendenauszahlungen deutlich an Kurswert verlieren oder gewinnen könnten.

Trendfolger-Strategie

Die im Daytrading am häufigsten verwendete Strategie ist die sogenannte Trendfolger-Strategie. Wie es der Name bereits verrät, kauft sich der Anleger in Trends ein und hofft, dass diese weiterhin steigen. Als langfristiger Investor kann dieser Prozess mehrere Wochen oder sogar Jahre andauern, wenn sich die Rendite stetig bewährt. Daytrader allerdings suchen sich deutlich kleinere Trends, welche unabhängig vom Haupttrend an einem Tag oder innerhalb weniger Stunden stattfinden. Mithilfe von Indikatoren, welche meist anhand des Aktiencharts zu erkennen sind, steigt der Trader ein und stößt die Aktie ab, sobald weitere Indikatoren auf ein Ende des Trends hindeuten. Detailliertere Ausführungen zu dieser Strategie und Schritt-für-Schritt-Anleitungen erhalten Sie in den folgenden Kapiteln, welche sich explizit auf das Thema Daytrading beziehen und die Trendfolger-Strategie thematisieren.

Momentum-Strategie

Hierbei handelt es sich um eine aktive Aktienstrategie, welche etwas Aufwand erfordert, sich dafür aber stark lohnen kann. Im Gegensatz zum Trading ist jedoch kein gesondertes Wissen notwendig, da die Strategie wie bei einem Kochrezept abgearbeitet werden kann. Nachdem ich Ihnen erklärt habe, welche Schritte zu befolgen sind, werde ich noch einmal genauer auf die Chancen und Risiken dieser Strategie eingehen.

1. Aktien eines großen Index (zum Beispiel DAX) nach der relativen Stärke beurteilen, das bedeutet: Die Schlusskurse der letzten 26 Wochen jeder Aktie jeweils addieren und durch 26 teilen.

2. Die erhaltenen Werte der Größe nach sortieren, wobei Werte unter

eins vernachlässigt werden können.

3. Es wird nun in die Top drei investiert und es werden möglichst gleiche Anteile gekauft, wobei auch Investitionen in die Top fünf denkbar wären.

4. Dieser Prozess wird wöchentlich wiederholt und, falls eine neue Top drei bzw. fünf entsteht, entsprechend umgeschichtet.

Doch kann diese Strategie Erfolg haben? Die Theorie der relativen Stärke stammt von Robert Levy und legt nichts Weiteres als die Entwicklung der Aktienkurse zugrunde. Es werden weder äußere Umstände noch Kennzahlen oder Expertenmeinungen in Betracht gezogen, was erstaunlicherweise trotzdem zum Erfolg führen kann. Der Anleger befreit sich von den Spekulationen rund um den Markt und betrachtet diesen isoliert als Ganzes. Er geht davon aus, dass jegliche Informationen, die man hätte außerhalb des Marktgeschehens erhalten können, bereits im Aktienkurs widergespiegelt sind und dieser deshalb das Einzige ist, was eine wirkliche Aussagekraft hat. Über Sichtweisen wie diese streiten sich Aktionäre heute noch, denn sie würde bedeuten, dass aktives Investieren auf Dauer stets dieselben Renditen generiert wie passives Investment.
Dass das in der Realität nicht der Fall ist, haben viele Investoren bereits gezeigt – ich bin ebenso überzeugt davon, dass gutes aktives Investment den Markt auf Dauer schlägt. Als Trader ist es daher interessant, im Hinterkopf zu behalten, dass es ebenso Aktionäre gibt, welche ausschließlich anhand der Performance des Kurses handeln und sich nicht von Prognosen oder Kennzahlen beeindrucken lassen. Doch auch das macht den Markt nicht unberechenbar, denn die Strategie ist weltweit bekannt und häufig genutzt.

Value-Strategie

Eine eindeutig auf langfristige Investments ausgelegte Strategie ist die

Value-Strategie. Value bedeutet zu Englisch „Wert", was gewiss kein Zufall ist. Allerdings wird hierbei nicht auf Unternehmen spekuliert, welche bereits einen hohen Wert, gemessen beispielsweise anhand der Marktkapitalisierung, vorweisen, sondern auf Unternehmen mit einem geringen Wert. Der Anleger hofft auf enormes Wachstum des Aktienkurses, teilweise sogar auf eine Vervielfachung. Doch woher weiß der Investor, welche Aktien das Potenzial dafür vorweisen?
Um das herauszufinden, kommen Aktienkennzahlen ins Spiel, in diesem Fall das Kurs-Buch-Verhältnis und das Kurs-Gewinn-Verhältnis. Wenn das KBV unter eins liegt und das KGV gleichzeitig einen Wert von zehn oder niedriger aufweist, wird das Potenzial der Aktie als sehr hoch eingeschätzt. Diese Werte sind idealtypisch und in der Realität selten bzw. nur innerhalb sehr kurzer Zeiträume zu finden, weshalb diese Strategie mit viel Aufwand und täglicher Kontrolle der beobachteten Kurse zusammenhängt. Doch auch, wenn eine Aktie die beiden theoretischen KGV- und KBV-Kriterien erfüllt, handelt es sich dennoch um risikoreiche Investments. Da die Börse diese Werte vorgibt und interne Werte zugrunde legt, gibt es gute Gründe dafür, dass die Aktie so bewertet wurde. Vorsicht ist also dennoch geboten, weshalb ich Verfolger dieser Strategie maximal zehn Prozent Anteil am Gesamtportfolio empfehle. Für Trader ist diese Strategie deshalb interessant, weil sie beweist, dass es auch in schwächeren Phasen Anleger gibt, welche auf die Kraft des Unternehmens vertrauen und sehr langfristig denken. Diese Markteigenschaft sichert Trades ab, da die Kurse nicht bis zum vollkommenen Nullpunkt fallen werden.

Saisonalitäten-Strategie

Eine sehr interessante und für jeden Anleger wichtige Eigenschaft des Marktes ist die Einteilung in Jahreszeiten. Typischerweise wird in den Sommermonaten von Mai bis September mehr Urlaub gemacht als in den Wintermonaten. Das sorgt dafür, dass die Wirtschaft in

Industriestaaten überwiegend im Winter angekurbelt wird, weshalb es dann auch auf den Börsenmärkten mehr Bewegung gibt. Viele Anleger haben daraus geschlossen, dass sich ein Investment im Sommer nicht lohnt – und investieren ihr Geld anderweitig. Deshalb ist der Aktienmarkt im Winter wesentlich spannender als im Sommer, sodass auch Daytrader insbesondere im Winter sehr aktiv sind. Zusätzlich wird zu Weihnachten und im neuen Jahr viel Geld umgesetzt, was den Unternehmen zugutekommt und die Wirtschaft ankurbelt. Für Sie als Trader ist es daher wichtig, zu wissen, dass die Volatilität von September bis April im Vergleich zum restlichen Jahr erhöht ist und die Kurse deshalb dynamischer agieren. Behalten Sie dies im Hinterkopf, wenn Sie eine Zeit lang Pause vom Daytrading-Geschäft suchen oder den Sommer genießen wollen. Am Aktienmarkt verpassen Sie im Winter deutlich mehr.

Buy-and-Hold-Strategie

Vielmehr eine Grundeinstellung als eine echte Strategie gibt die Buy-and-Hold-Taktik vor. Dabei werden Aktien erworben und erst verkauft, wenn das gesamte Portfolio verkauft wird. Der Sinn dahinter ist es, schwierige Zeiten auszusitzen und vom generellen Wirtschaftswachstum zu profitieren. Im Grunde genommen wird so lediglich passiv investiert, da bei einer entsprechenden Anzahl von Buy-and-Hold-Aktien das Risiko der Insolvenz verringert bzw. durch Kurssteigerungen der anderen Aktien ausgeglichen wird. Auf Dauer wird die durchschnittliche Marktrendite erzielt. Wem das reicht, der ist hier an der richtigen Adresse. Im Vergleich zum Kaufen eines World-ETFs hat diese Variante den Vorteil, dass möglicherweise Dividenden ausgeschüttet werden.

Deshalb ist es auch denkbar, dass die Buy-and-Hold-Strategie mit einer anderen kombiniert wird – zumindest bezüglich der Auswahl der Aktien. Ich rate Ihnen, zumindest ein paar wenige Aktien oder ETFs dauerhaft in Ihrem Portfolio zu halten.

Erstens sorgt es für Sicherheit und zweitens haben Sie einen dauerhaften Renditebringer, mit denen Sie Verluste aus Risikogeschäften ausgleichen oder bei Gewinnen vergleichen können.

Top-Flop-Strategie

Der Name dieser Strategie ist leider nicht eindeutig zutreffend, da sich zunächst – zu Beginn des Jahres – auf die Flops konzentriert wird. Investoren kaufen die Aktien aus einem großen Index, welche im vergangenen Jahr die schlechteste Performance hingelegt haben. Man erhofft sich daraus, dass das schwache Jahr überwunden wird und nun ein rasanter Kursanstieg stattfindet. Erst nach einem halben Jahr wird überprüft, ob dieses Vorgehen ein Erfolg war, davor sollten keine hektischen Entscheidungen getroffen werden. Dann wird der zuvor verwendete Index nach den am stärksten gewachsenen Kursen sortiert und die Tops werden gekauft. Befindet sich darunter eine bereits vor einem halben Jahr gekaufte Aktie, behalten Sie diese im Depot. Der Einkauf der Tops, sozusagen eine Trendfolger-Strategie, hat den Hintergrund, dass insbesondere zum Ende des Jahres Fondsmanager die Aktien erwerben, welche im laufenden Jahr eine gute Performance hingelegt haben, um das Profil des Fonds zu verbessern. Dies steigert den Wert zusätzlich. Nach einem Jahr beginnt die Umschichtung erneut und nach etwa drei Jahren können Sie das erste Mal Bilanz ziehen und beurteilen, wie erfolgreich die Strategie funktioniert hat. Als Daytrader ist es deshalb interessant, zu wissen, dass die Preise von stark gewachsenen Aktien zum Ende des Jahres noch einmal einen Schub bekommen, sodass fallende Kurse ausgenutzt werden können – denn sie werden sicher wieder steigen.

DAS INVESTITIONSKAPITAL AUSWÄHLEN UND EIN PORTFOLIO ERSTELLEN

Wie Sie das richtige Investitionskapital auswählen

Zur Auswahl der richtigen Höhe Ihres Startkapitals ist es wichtig, sich eine Übersicht über Ihr gesamtes Vermögen zu verschaffen. Sie selbst kennen Ihre monatlichen Einnahmen und Ausgaben und müssen abschätzen, inwieweit sich diese in der nächsten Zeit ändern könnten. Des Weiteren kennen Sie Ihre Rücklagen und können nach folgender Faustregel agieren: Rücklagen, welche das Monatseinkommen um mehr als das Dreifache überschreiten, sind oftmals nicht sinnvoll genutzt.

Das soll bedeuten, dass Sie bei einem imaginären Grundeinkommen von 2.000 Euro netto je Monat maximal 6.000 Euro auf einem sicheren Konto mit sehr geringen Zinsen und sofortiger Verfügbarkeit lagern sollten. Werte über dieser Marke werden in den allermeisten Fällen nicht genutzt und sind verschwendetes Potenzial. Ich bitte Sie dennoch, diese Regel auf sich selbst anzuwenden und zu schauen, inwieweit große, unerwartete Ausgaben in naher Zukunft folgen könnten und wie gut Sie darauf vorbereitet sind. Des Weiteren ist das investierte Kapital nicht unantastbar – es kann lediglich sein, dass geringe Verluste generiert werden und die Bearbeitungszeit in etwa drei Tage beträgt. Aufgrund dessen bin ich der Meinung, dass drei Monatsgehälter auf einem externen Konto zur Absicherung in jedem Fall ausreichen.

Das restliche Kapital, welches nun keine Verwendung findet, kann vollständig investiert und als Grundkapital des Portfolios verwendet werden. Dazu kommen monatliche Einzahlungen. Wie Sie diese ermitteln und wie hoch Sie diese ansetzen, bleibt Ihnen überlassen. In den meisten Fällen wird nicht das gesamte Monatseinkommen für laufende Ausgaben verwendet, sondern entweder zur Seite gelegt oder für anderweitige Ausgaben verwendet, auf die gut und gern verzichtet werden könnte. Sie kennen sich selbst am besten und wissen, inwieweit Sie sich beschränken müssen, um wirklich sparen zu können. Weiterhin möchte ich erwähnen, dass Ansparungen für beispielsweise Urlaube oder Geschenke separat geschehen sollten und nicht aus dem Investitionskapital genommen werden. Das liegt an zu häufigen Auszahlungen und der entstehenden Unübersichtlichkeit.

Neben Urlaubsgeld und weiteren kleinen Sparraten empfinde ich eine monatliche Aufbringung von zehn Prozent, also 200 Euro bei einem Einkommen von 2.000 Euro, als absolut realistisch – mehr ist natürlich sehr willkommen. Sie haben zu Beginn dieses Buches bereits anhand meiner Beispiele mit der fiktiven Studentin Anna bemerkt, welch großen Unterschied ein paar Euro mehr machen können, wenn über einen langen Zeitraum kontinuierlich investiert wird.

Wie Sie Ihr persönliches Portfolio erstellen

Der Begriff Portfolio umfasst Ihr gesamtes Sondervermögen, dies beinhaltet ebenso Investitionen in Edelmetalle oder Beteiligungen am Unternehmen eines Freundes. In diesem Abschnitt möchte ich Ihnen Möglichkeiten erläutern, wie Sie zu Ihrem persönlichen Portfolio gelangen – zuvor muss allerdings noch etwas erledigt werden.

Die Rede ist von einer Risikoeinschätzung. Bevor Sie sich den Plan für Ihr Portfolio erstellen können, sollten Sie herausfinden, zu welcher Risikogruppe Sie gehören. Dafür möchte ich Ihnen eine prägnante Übersicht zu Risikoklassen von Anlagen erläutern. Ich habe mich für diese Variante entschieden, da sie nicht zu überladen ist und somit die wesentlichen Fakten auf den Punkt bringt. Es kann jedoch sein, dass Sie bei anderen Quellen auf unterschiedliche Einordnungen stoßen.

Bei Risikoklasse 1 steht der Kapitalerhalt und die Sicherheit im Vordergrund. Neben diesen Eigenschaften wird auch eine schnelle Liquidierbarkeit möglichst ohne Verluste gewünscht, sodass ein dauerhafter Ausstieg möglich ist. Anlagen in diesem Bereich sind beispielsweise Festgeldkonten und Bausparverträge.

In Risikoklasse 2 sieht sich der Anleger einem Zinsrisiko gegenüber, allerdings weiterhin mit hohen Bedenken an die Sicherheit. Es kann daher sein, dass die Zinsen nicht exakt wie prognostiziert verlaufen, sich das Grundkapital allerdings zu keinem Zeitpunkt in Gefahr befindet. Spareinlagen in diesem Bereich sind unter anderem

Lebensversicherungen, welche heutzutage allerdings kaum mehr angeboten bzw. abgeschlossen werden.

Die Risikoklasse 3 setzt zum geringen Zinsrisiko auch ein Kursrisiko, zum Beispiel bei festverzinslichen Wertpapieren.

Ertragsorientiert wird es erst ab Klasse 4, denn nun wird die Anlage zum großen Teil auf die Rendite ausgelegt. Kurs- und Gewinnrisiken sind hierbei nicht zu verachten, ein vollständiger Wertverlust ist allerdings nahezu ausgeschlossen. Hierzu gehören Aktien von Marktführern, Fonds oder auch ein ETF-Sparplan, welcher den MSCI World Index bespart.

Die vorletzte Risikoklasse schließt einen Totalverlust nicht aus, er bleibt dennoch unwahrscheinlich. Beispiele sind insbesondere spekulative Anlageformen wie Zertifikate oder Aktien aus Entwicklungs- oder Schwellenländern. Auch das Trading bzw. Daytrading ordnet sich mit dem Setzen von Stop-Loss-Marken hier ein. Ein besonders einprägsames Merkmal ist, dass eine regelmäßige Umschichtung dieses Teils des Portfolios notwendig ist, da die Wahrscheinlichkeit für einen starken Verlust sonst erheblich steigt.

In der sechsten Risikoklasse befinden sich nun Trades mit mehr als zwanzig Prozent eingesetztem Investitionskapital und dem Verzichten auf eine Stop-Loss-Marke. Außerdem dazu gehören beispielsweise Optionsscheine, welche sich durch ihren sehr spekulativen Charakter auszeichnen. Weiterhin übersteigt das Risiko meist die Renditemöglichkeiten und mit Totalverlusten ist zu rechnen, weshalb Investoren Kapital für diese Zwecke bereits vorher abschreiben, damit ein Verlust nicht zu sehr ins Gewicht fällt.

Ich hoffe, Sie haben bemerkt, mit welchem vergleichsweise hohem Risiko sich das Daytrading beschäftigt und konnten sich selbst einigermaßen einordnen. Ziel ist es natürlich nicht, sich auf eine Variante festzulegen, denn der Mix sorgt für ein starkes persönliches Portfolio. Ihr persönliches Risiko ergibt sich daher aus dem gesamten Portfolio, welches Anlagen der verschiedenen Risikoklassen enthalten sollte. Zwar beschäftigt sich dieses Buch insbesondere mit dem Daytrading, jedoch gehört es deshalb nicht ausschließlich zum eigenen Portfolio. Erfahrene Trader, welche es unter anderem als feste Einnahmequelle nutzen, verwenden einen höheren Anteil am Investitionskapital im Trading als Einsteiger. Ihnen empfehle ich daher, nicht mehr als 30 Prozent des zur Verfügung stehenden Kapitals für die ersten sechs Monate im Trading zu nutzen. Risikoaffine Personen können gern auf 40 Prozent aufstocken, jedoch handelt es sich dann bereits schon um teilweise sehr hohe Summen.

In diesem Beispiel gehe ich von 10.000 Euro Anfangskapital aus, von dem allein 3.000 Euro unter den Tradingbereich fallen. Um mögliche Verluste abzusichern, empfehle ich stets Risikoklassen, welche sich unterhalb der fünften Klasse befinden, schließlich möchten Sie Gewinne verbuchen und nicht wie ein Großinvestor sofort nach der Investition das Geld abschreiben, weil das Risiko zu hoch ist. Beispielsweise kann ich für den Anfang empfehlen, von den übrigen 7.000 Euro in etwa die Hälfte für Fonds zu nutzen. Beweisen Sie dabei ein glückliches Händchen, schlägt der Kursgewinn des Fonds den Markt und die Gebühren fallen nicht mehr ins Gewicht. Mithilfe eines Sparplans von in etwa 300 Euro monatlich könnte das Geld so über ein Jahr eingezahlt werden und die erworbenen Anteile könnten weitere Jahre, maximal zwei, gehalten werden. Schließlich sollte langfristig das Ziel bestehen, mehr Anteile im Tradingbereich zu verwenden und dies somit als Hauptrenditequelle zu etablieren. Je nach Risikofreudigkeit können die restlichen in etwa 3.000 bis 4.000 Euro über eine längere Laufzeit in weltweite ETFs oder festverzinsliche Wertpapiere investiert werden, welche jährliche Renditen auszahlen.

So entsteht neben den monatlichen Einzahlungen durch das Sparen eine dauerhafte Geldquelle, welche überwiegend auf Sicherheit Bedacht ist.

Wer sich gut auskennt und noch weiteres Geld, insbesondere auf sehr langen Laufzeiten, investieren möchte, sollte eine Variante der im Abschnitt „Welche Arten von Investments gibt es?“ erläuterten Möglichkeiten wahrnehmen. Das könnten Einkäufe auf dem Devisenmarkt, Edelmetalle oder andere Sammlerstücke sein. Wichtig dabei ist, dass die Rendite zwar hoch ausfallen kann, die Liquidität jedoch erst in mehreren Jahren, oft länger als zwanzig Jahre, gegeben ist. Es handelt sich hierbei also nicht um kontinuierliche Geldbringer, von denen Sie die Gewinne für das Trading nutzen können.

Daytrading erlernen: Den Aktienchart richtig lesen

VORBEMERKUNGEN UND DOW-THEORIE

Bei der technischen Chartanalyse werden Formen und Muster herausgefiltert, welche Vorhersagen über die zukünftige Entwicklung eines Aktienkurses erlauben. Dabei unbeachtet bleiben externe Hinweise, wie beispielsweise Unternehmenskennzahlen und branchenspezifische Eigenheiten. Ich bitte Sie daher, zu beachten, dass die technische Chartanalyse mit den dazugehörigen Handlungsempfehlungen zwar ein großer Teil des Daytradings ist, die letztendliche Entscheidung über Kauf oder Verkauf allerdings noch zusätzlich mit den externen Faktoren zusammenhängt, die der Trader permanent im Hinterkopf hat. In diesem Abschnitt möchte ich Ihnen einige wichtige Regeln zur technischen Chartanalyse erklären und darauf eingehen, worauf Sie achten müssen, wenn Sie sich einem Chart widmen. Die korrekte Einstellung bzw. Anpassung der Zeitspanne ist enorm wichtig für Sie als Beobachter. Zwar bezieht sich die Chartanalyse von Daytradern meist nur auf den aktuellen Handelstag, jedoch umfasst Trading ebenso eine deutlich längere Zeitspanne von teilweise mehreren Wochen. Deshalb ist es enorm wichtig, dass Sie sich optimal mit der Bedienung des Diagramms zurechtfinden und innerhalb kurzer Zeit die Zeitspanne aufrufen können, die Sie in diesem Moment interessiert. Achten Sie deshalb stets auf den eingestellten Zeitraum.

Im Folgenden möchte ich Sie auf eine der ältesten und weiterhin bedeutendsten Theorien der Chartanalyse aufmerksam machen. Die sogenannte Dow-Theorie des Urvaters des Aktienhandels Charles Dow umfasst wertvolle Prinzipien, über die es sich lohnt, gern etwas länger nachzudenken. So durchdringen Sie den Aktienmarkt stärker und bilden sich eine eigene Meinung zur Bedeutung der technischen Chartanalyse.

„Die Indizes diskontieren alles." Mit diesem Ausdruck ist gemeint, dass ein Index und auch andere Charts bereits alle Informationen enthalten, die für das Geschehen am Aktienmarkt relevant sind. Darunter zählen neben Produkttrends auch Schockreaktionen und Insiderwissen. Wäre das der Fall, würde eine Chartanalyse wichtiger denn je werden und aktives Investment wäre nicht nachhaltig sinnvoll, da die Informationen, die sich der Anleger extern besorgen kann, bereits im Chart widergespiegelt sind.

„Der Markt besteht aus drei Trends." Eine heute noch essenziell wichtige Theorie, welche den Markt mit der Bewegung eines Gewässers vergleicht. Der Primärtrend stellt Ebbe und Flut dar und zeigt die grundsätzliche Richtung des Kurses an. Sekundärtrends sind zweitrangige Trends des Charts, welche als Wellen auf dem Wasser verstanden werden können. Die dritte und letzte Instanz bilden die tertiären Trends, welche minimale Bewegungen auf den Wellen darstellen. Für passive Anleger und Langzeitsparer sind aus diesem Grund insbesondere die Primärtrends von großer Bedeutung, wobei sich Trader auf sekundäre Trends beziehen und Daytrader speziell tertiäre Trends ausnutzen möchten. Dass es in der Realität nicht immer eine so strikte Trennung geben kann, wird Ihnen bereits bewusst sein. Jedoch hat mir dieses Beispiel am Anfang enorm geholfen, den Börsenmarkt besser zu verstehen, und es soll auch Nächte gegeben haben, in denen ich über allein diesen Vergleich stundenlang nachgedacht habe – mir ist kein besserer eingefallen.

„Primärtrends sind dreiphasig." Anhand dieser Aussage wird die grundsätzliche Richtung des Kurses in drei Teile untergliedert. Zunächst wird zu Beginn des Trends während der Akkumulationsphase von Experten die Aktie erworben, da diese über die meisten Informationen verfügen und das Ende eines Abwärtstrends am sichersten vorhersagen können. In der zweiten Phase, der öffentlichen Beteiligung, wird der Trend durch mediale Aufmerksamkeit und weitere aktive Investoren für die breite Masse zugänglich, sodass nun der rasante Aufstieg stattfindet. Die letzte sogenannte Distributionsphase des Trends zeichnet sich dadurch aus, dass die Wirtschaft enorm durch die Euphorie der Anleger profitiert und die Experten aus Unsicherheit vor der weiteren Entwicklung wieder aussteigen. Als Trader und somit Trendfolger steigen Sie bestmöglich am Anfang der Phase der öffentlichen Beteiligung – wenn möglich bereits während der Akkumulationsphase – ein. Doch die Risiken eines Einstiegs zu dieser Zeit sind nicht zu vernachlässigen.

„Indizes müssen sich bestätigen." Damit meint Dow schlichtweg, dass kein Index allein ausreicht, um einen branchenweiten Trend darzustellen. Dafür sind weitere Indizes nötig, welche denselben oder zumindest einen ähnlichen Aufschwung bzw. Abschwung verzeichnen.

„Das Volumen muss den Trend bestätigen." Der primäre Trend muss vom hier gemeinten Umsatzvolumen bekräftigt werden. Steigt der Kurs einer Aktie stetig, sollte das auch anhand der Umsatzzahl des betreffenden Unternehmens wahrnehmbar sein. Ist dies nicht der Fall, liegen möglicherweise keine sinnvoll begründbaren Ursachen hinter dem Aufschwung, weshalb langfristige Anleger die Aktie dann vorsichtshalber abstoßen werden. Für Trader ist in so einem Fall deshalb besondere Vorsicht geboten, denn der Trend droht, drastisch umzukehren.

„Ein Trend gilt bis zur definitiven Umkehr." Da Charles Dow sich insbesondere mit langfristigen Investitionen auseinandergesetzt hatte, scheint diese Trenddefinition für den Trader keine große Bedeutung zu haben. Denn für Trader ist es schlichtweg nicht wichtig, ob wirklich erst das Gegenteil bewiesen ist, damit gesagt werden kann, der Trend verläuft nun in die andere Richtung.

Solange die einzelnen Sekundär- und Tertiärtrends erfolgreich ausgenutzt wurden, macht es kaum einen Unterschied, ob sich der Primärtrend mittlerweile vollständig oder nur fast vollständig umgekehrt hat. Dennoch handeln Trader, insbesondere am Anfang, häufig mit dem Trend und nutzen die dadurch entstehende Absicherung.

WIE SIE DIE GÄNGIGSTEN CHARTFORMATIONEN ERKENNEN

Der Aktienchart gibt in Form eines Diagramms wieder, wie sich die Kurse einer bestimmten Aktie über eine gewisse Dauer verändern. Das bedeutet, dass darin lediglich die Wertschwankungen der Aktienkurse zu sehen sind, welche durch das Angebot und die Nachfrage der Anleger entstanden sind. Zu jeder börsennotierten Aktie existiert ein Chart, zusätzlich halten Indizes mehrere Aktien in einem Chart fest, sodass das neue Diagramm die summierten Werte enthält. Doch wie ist ein Aktienchart für Daytrader zu verstehen? Zunächst möchte ich mich dem theoretischen Teil der Chartanalyse widmen und Ihnen erklären, wie Sie diesen zu verstehen haben. Sie als Daytrader haben von nun an die Aufgabe, einen solchen Chart mit anderen Augen zu sehen, als es noch zuvor der Fall war. Ab diesem Kapitel entdecken Sie innerhalb eines solchen Diagramms verschiedene Muster, Formationen und das Wichtigste: Gewinnmöglichkeiten. Doch was sind hier nun die Formen, von denen die erfahrenen Trader immer sprechen? Im Grunde genommen ist es nicht kompliziert, die einzelnen Formationen zu erkennen. Dafür wird das Auge insbesondere am Anfang geschult und entwickelt daraufhin einen scharfen Blick dafür, wo sich verschiedene Formen bilden.

Aufsteigende Dreiecke

Dreiecke finden sich in nahezu jedem Chart wieder, ganz unabhängig davon, ob es sich um eine langfristige Betrachtung oder um eine Betrachtung eines einzelnen Tages handelt. Sie zeichnen sich dadurch aus, dass ein aufsteigender Trend gebildet wird, welcher immer wieder durch kleine Abwärtstrends unterbrochen wird. Diese bilden dann die Form eines typischen Dreiecks. Legen Sie sich eine imaginäre Linie an die Ober- und Unterseiten des Charts. Fangen die Linien an, sich zuzuspitzen, handelt es sich um ein Dreieck. Wichtig ist außerdem, dass die obere Linie dabei nahezu horizontal verläuft – ähnlich perfekt, wie in der Grafik zu sehen.

https://www.investor-verlag.de/wp-content/uploads/2016/03/aufsteigendes-Dreieck.jpg.webp

Absteigende Dreiecke

Absteigende Dreiecke stellen das Pendant zum aufsteigenden Dreieck dar und lassen sich bei Abwärtstrends finden. Entscheidend bei der Erkennung dieses Musters ist die sich horizontal bewegende, aber nicht fallende untere Linie. Diese legt den momentan niedrigsten Punkt fest und gibt das Startsignal für eine Erholungsphase – also für einen kurzfristigen Kursanstieg. Wird diese Linie dann durchbrochen, folgt meist ein deutlicher Abschwung und der Kurswert sinkt stark. Insbesondere die beiden Dreiecksformationen werden Sie permanent in Ihrem Tradingalltag begleiten.

https://www.investor-verlag.de/wp-content/uploads/2016/03/absteigendes-Dreieck.jpg

Flaggen
Flaggen-Formationen unterbrechen den aktuellen Trend und sorgen für eine Erholung. Sie zeichnen sich dadurch aus, dass während eines Aufwärtstrends ein möglichst gleichmäßiger Abschwung erfolgt. Die eingezeichneten Linien an den Kanten verlaufen idealtypisch parallel zueinander, weshalb keine Spitzen entstehen, wie es bei Dreiecken der Fall ist.

https://www.investor-verlag.de/wp-content/uploads/2016/03/Flagge.jpg.webp

Wimpel
Wimpel-Formationen scheinen auf den ersten Blick sehr ähnlich zu

Dreiecken zu sein, haben aber einen entscheidenden Unterschied: keine der beiden Richtlinien sind horizontal, denn sie gehen beide aufeinander zu. Im Idealfall geschieht dies im selben Winkel, sodass kurz vor Zuspitzung der Ausbruch aus der Formation erfolgt. Wimpel bestätigen den Trend, sodass in diesem Fall der Ausbruch nach oben stattfindet. Ein Kursverlust ist ebenso möglich, wenn der Primärtrend fallend ist.

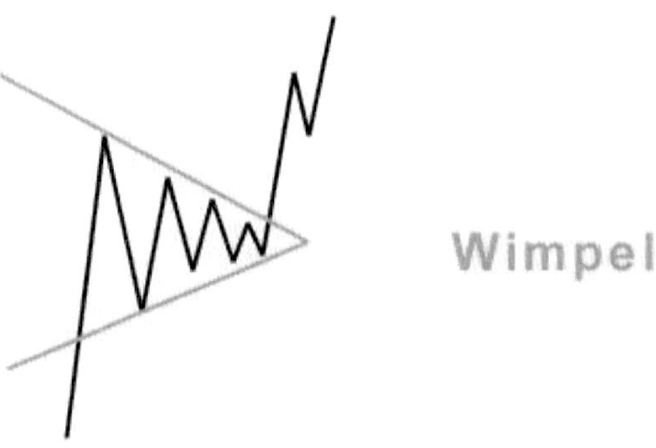

https://www.investor-verlag.de/wp-content/uploads/2016/03/Wimpel.jpg.webp

Doppeltop-Formation

Insbesondere bei der Betrachtung von Charts, die einen langen Zeitraum abbilden, ist die sogenannte Doppelspitze häufig zu erkennen. Nach einem Aufwärtstrend folgt der höchste Kursstand bei S1, anschließend kommt es zu einer Beruhigung des Kurses mit anschließendem Kursgewinn, bis S2 die Höhe von S1 erreicht hat. Idealerweise folgt dann ein starker Verfall des Kurses, da der zweite Anlauf nach einem langen Aufwärtstrend oft scheitert.

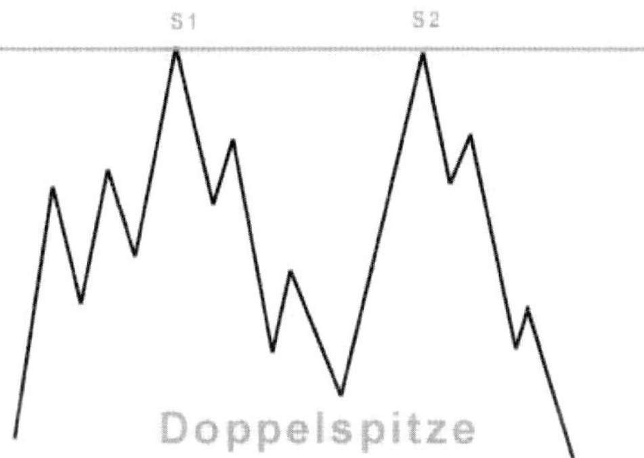

https://www.investor-verlag.de/wp-content/uploads/2016/03/Doppelspitze.jpg.webp

Schulter-Kopf-Schulter-Formation

Den Namen verdankt diese Formation dem Nachbild von zwei Schultern (S1, S2) und einem Kopf (K) in der Mitte, welcher deutlich höher gelegen ist. Mithilfe dieser Formation gelingt es, abzuschätzen, wann die maximale Kurstiefe, insbesondere nach dem K, erreicht ist, und zwar auf Höhe der vorherigen Tiefe. Des Weiteren lässt sich oft vorhersagen, auf welcher Höhe S2 stoppt und den primären Trend umkehrt – auf demselben Niveau wie S1.

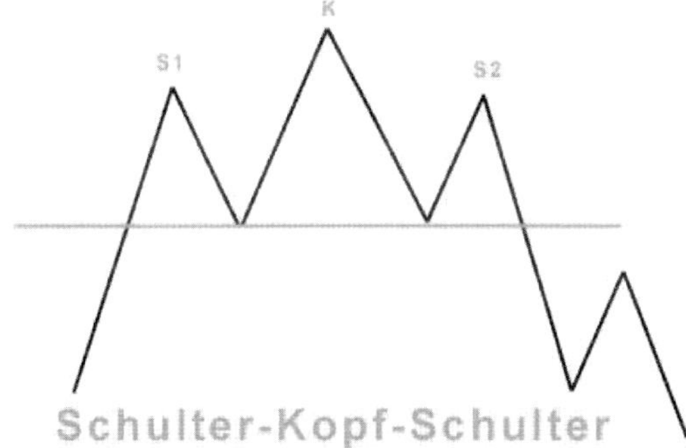

https://www.investor-verlag.de/wp-content/uploads/2016/03/Schulter-Kopf-Schulter.jpg.webp

Doppelboden-Formation

Neben dem Wissen, wann die maximale Höhe des Kurses erreicht ist, kann es auch essenziell wichtig werden, vorherzusagen, bei welcher Tiefe eine Konsolidierung am Minimum ist. Zu sehen ist bei der Doppelboden-Formation ein Aufwärtstrend, welcher durch eine Konsolidierungsphase unterbrochen wird. Innerhalb dieser benötigt es typischerweise zwei Anläufe, bis ein starker Aufwärtstrend beginnen kann. Dieses Wissen hilft Tradern ungemein, um die richtigen Einstiegszeitpunkte zu erkennen.

https://www.investor-verlag.de/wp-content/uploads/2016/03/Doppelboden.jpg.webp

WEITERE ANHALTSPUNKTE IM CHART

Die Trendlinien eindeutig zuordnen

Um Ihnen selbst eine Hilfestellung bei der exakten Identifizierung eines Trends zu geben, können Sie bei einem Aufwärtstrend einfach die sukzessiv steigenden Tiefs verbinden. Entsteht eine Linie, welche auf kurz oder lang aufsteigt, handelt es sich um einen wachsenden Trend. Ebenso funktioniert dieses Prinzip bei fallenden Trends, indem die sich immer niedriger befindenden Hochs miteinander verbunden werden. Dabei gilt, wenn umso mehr Hochs bzw. Tiefs miteinander verbunden werden können, desto sicherer handelt es sich um einen Trend, den Sie für sich nutzen können. Hängen Sie sich dabei jedoch nicht an kleineren

Verletzungen der Trendlinien auf, da fast nichts in der Realität so aussieht, wie in einem Lehrbuch beschrieben. Erst große Durchbrechungen können Sie zum Handeln zwingen. Des Weiteren möchte ich noch darauf aufmerksam machen, dass es neben Auf- und Abwärtstrends auch Seitwärtstrends geben kann. Diese entstehen, wenn der Kurs stagniert bzw. kurzzeitige Gewinne und Verluste schnell wieder ausgeglichen werden. Im Internet wird diese Situation auch oft als richtungsloser Trend beschrieben.

Zusätzlich möchte ich Ihnen drei zentrale Regeln im Umgang mit Trends erläutern, welche besonders am Anfang des Daytradings stets zu beachten sind. Nach etwas Erfahrung und den ersten Erfolgen sind diese Handlungsempfehlungen meist verinnerlicht. Grundsätzlich gilt, je stärker der Neigungswinkel des Trends ist, desto unwahrscheinlicher wird eine Fortsetzung dieses Trends, unabhängig davon ist, ob es sich um einen fallenden oder steigenden Trend handelt. Die zweite Regel thematisiert die Länge der Trendlinie. Ist diese sehr lang und hat der Trend bereits seit einem großen Zeitraum Bestand, wird sich das auch beim Bruch dieses Trends auswirken. Dieser wird ebenso lang sein und in den meisten Fällen einen hohen Kursverlust bzw. Kursgewinn nach sich ziehen. Bedenken Sie dies bitte, wenn Sie das Ende eines Kursabfalls erwarten, und investieren Sie nicht zu früh. Dass eine Trendlinie, welche mehrere Konsolidierungsphasen überstanden hat, sich plötzlich umkehrt, wird immer unwahrscheinlicher, je mehr Konsolidierungsphasen es gab. Das besagt die dritte und letzte Regel über Trendlinien. Sie hat den Hintergrund, dass trotz oftmals fallender Kurse immer wieder Anleger bereit waren, neue Anteile zu kaufen und den Kurs nicht zu weit sinken zu lassen. Dies spricht eindeutig für einen soliden Trend, der sich nicht ohne Weiteres schnell wieder umkehrt.

Weitere Chart-Linien richtig nutzen

Um sich einen Überblick über die Situation eines Aktienkurses zu verschaffen und um diesen auch historisch richtig einordnen zu können, existieren drei wesentliche Hilfslinien, die auf einen Blick erkennen lassen, in welcher Lage sich der Kurs momentan befindet. Diese sind für jeden Anleger von großer Bedeutung, da auch bei Tradern nicht ausschließlich die vergangene Zeit über das Potenzial und das Risiko der Aktie aufklärt. Eine ganzheitliche Betrachtung eines ausreichend großen Zeitraums ist deshalb unausweichlich.

Die Verwendung einer sogenannten Unterstützungslinie ist zwei Mal je Aktienkurs zu empfehlen. Zum einen sollte Sie auf die vergangenen fünf bis zehn Jahre angewendet werden, um einen weitreichenden Überblick zu erhalten. Dabei werden die Tiefpunkte miteinander verbunden, welche sich auf einem ähnlichen Niveau befinden und die tiefsten Werte des Kurses abbilden. Krisen können dabei unbeachtet bleiben, da sie weder bezüglich der Zeit des Auftretens noch bezüglich des Ausmaßes vorhersagbar sind. Die entstandene Linie markiert Ihnen nun die maximale Tiefe bis zur Trendumkehrung. An diesem Punkt steht einer Investition so gut wie nichts im Weg, da es sehr unwahrscheinlich ist, dass der Kurs noch deutlich weiter fällt. Außerdem unterstützen umso mehr Verbindungspunkte die Sicherheit der Vorhersage dieser Eigenschaft. Nun empfehle ich, diese Linie erneut anhand einer geringeren Zeitspanne zu markieren, für Daytrader empfiehlt sich ein halbes Jahr, da sie im Allgemeinen zur groben Orientierung gilt. Wem es hilft, der zeichnet sich auch noch die Unterstützungslinie des aktuellen Monats – schaden wird es Ihren Erfolgen sicher nicht.

Das Pendant zur Unterstützungslinie an den Tiefpunkten bildet die Widerstandslinie an den Hochs. Sie begrenzt das Potenzial des Aktienkurses, schränkt einen langwierigen positiven Trend jedoch nicht vollständig ein. Zu erwarten ist, dass auch bei einem Erreichen der Widerstandslinie der Trend nach einer Konsolidierungsphase fortgesetzt wird, jedoch empfehle ich nicht, dieses Risiko einzugehen. Ist die Widerstandslinie in etwa erreicht, ist das Ihr Signal, das Boot vorerst zu verlassen.

Unter der sogenannten 200-Tage-Glättung verstehen Experten den Durchschnitt des Aktienkurses der vergangenen 200 Tage. Dieser Mittelwert wird in den Chart eingezeichnet und auch von nahezu allen Brokern angeboten, damit Sie diese mithilfe eines Klicks sehen können. Sie gibt Ihnen Aufschluss darüber, ob sich der Kurs momentan überdurchschnittlich hoch oder niedrig befindet, und kann ebenso für einen längeren Zeitraum verwendet werden. Insbesondere aber die magische Grenze von 200 Tagen wurde für den Tradingbereich entwickelt, da sie für kurzfristige Investitionen am aussagekräftigsten scheint. Weitere Durchschnittswerte und Glättungen werden oftmals bereits automatisch von den Tradingplattformen angezeigt, ganz einfach, weil sie enorm wichtig für die Orientierung sind.

BEISPIELHAFTE ANWENDUNG DER CHARTFORMATIONEN UND HILFSLINIEN

Um die Ausführungen dieses Kapitels zu verdeutlichen und um Ihnen zu zeigen, wie idealtypisch sich manche Chartformationen in der Realität verhalten, möchte ich beispielhaft diesen vorliegenden Aktienchart der Tesla-Aktie analysieren. Tesla ist ein noch junges Unternehmen, welches besonders in den letzten Jahren enorm an Kurswert gewonnen hat und unumstritten einer der großen Gewinner der kürzeren Vergangenheit ist. Das für die Medien immer wieder interessante Auftreten des CEOs Elon Musk sorgte höchstwahrscheinlich für einen zusätzlichen Boom des Tech-Riesen, welcher vor allem durch das Voranbringen der E-Mobilität bekannt geworden ist. Den vorliegenden Ausschnitt habe ich zufällig ausgewählt, damit nicht wie bei den zuvor gezeigten Grafiken das Gefühl entsteht, dass sich die Realität nicht in dieser Weise abbilden lässt. Der gewählte Zeitraum befindet sich, wie es unterhalb des Charts zu erkennen ist, zwischen dem 29.09. und dem 5.10.2020.

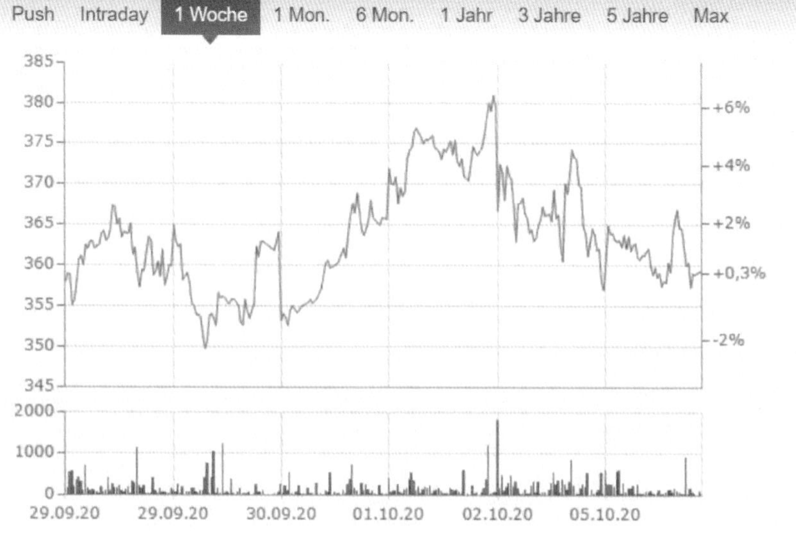

Quelle: https://www.finanzen.net/aktien/tesla-aktie

Aufgrund der geringen Zeitspanne verzichte ich bei dieser Analyse auf das Einbeziehen der Unterstützungs- und Widerstandslinie, welche nicht ausreichend Aussagekraft hätten. Um den Chart dennoch einordnen zu können, gebe ich Ihnen die Information, dass sich der momentane Kurs auf einem primären Aufwärtstrend befindet, welcher jedoch noch nie wirklich unterbrochen wurde. Zwar existiert die Aktie bereits seit 2011, jedoch steigt der Kurs erst seit in etwa einem Jahr stetig an. Der Höchstwert von 420 Punkten ist momentan nicht erreicht und wurde Ende August 2020 bewältigt.

Beginnen möchte ich mit der allgemeinen Einordnung der Formation. Deutlich zu erkennen ist eine Schulter-Kopf-Schulter-Formation mit dem Kopf bei 381 Punkten und den beiden Schultern auf einer Höhe von in etwa 367 Punkten. Mithilfe dieses Wissens ließ sich also abschätzen, dass der Kurs nach dem Erreichen des Kopfes eine Konsolidierung einnehmen wird, um wieder auf das Niveau der ersten Schulter, auf 367 Punkte, zu klettern. Schön zu erkennen ist ein absteigendes Dreieck in der Mitte des 29.09. auf einer Höhe von 357 bis 363 Punkten. Die untere Linie des Dreiecks verläuft über zwei Tiefs horizontal, während die obere Grenze eine starke Abwärtsbewegung einnimmt und sich das Dreieck auf einer Höhe von 358 zuspitzt.

Dabei hat der Chart sozusagen Anlauf genommen, um einen starken Kursverfall hinzulegen. Der darauf folgende Wimpel bis zum Anstieg bei 355 Punkten ist ebenso ausgezeichnet zu erkennen, da sich keine der beiden Außengrenzen parallel zum Diagramm verhalten, sondern beide aufeinander zugehen. Es folgt ein sehr steiler Anstieg, welcher allerdings nicht lange anhält, woran liegt das? Hoffentlich erinnern Sie sich an die Regel, welche besagt, dass, je stärker der Neigungswinkel eines Trends ist, eine Fortsetzung immer unwahrscheinlicher wird.

Dieser Fall ist hier eingetreten. Nach dem darauffolgenden Abschwung folgt ein dreitägiger sekundärer Trend, welcher letzte Woche mit Sicherheit einige Herzen von Tradern höher hat schlagen lassen. Kurz vor dem höchsten Kurs dieser Woche schleicht sich eine weitere Formation ein, welche so noch ein weiteres Mal in diesem Diagramm wiederzufinden ist. Es handelt sich um eine nahezu idealtypische Flagge, welche durch ihre sich parallel zueinander verhaltenden Begrenzungen der Hochs und Tiefs vor dem finalen Anstieg ein schönes Muster abbildet. Ebenso zu sehen ist diese zu Beginn des 05.10., welche in dem Fall verhältnismäßig lange Bestand hat. Daraus lässt sich auch ableiten, weshalb der Kurs im Folgenden um in etwa zehn Punkte steigt, denn: die Länge des Trends nimmt Einfluss auf die Höhe des gegenläufigen Trends bei einem Bruch, so, wie es hier der Fall ist. Diese Umkehrung des Negativtrends bildete übrigens gleichzeitig die zweite Schulter der Schulter-Kopf-Schulter-Formation, weshalb sich hier zwei Indizien für einen Kursanstieg miteinander verknüpfen.

Ich hoffe, meine Ausführungen haben Ihnen dabei geholfen, genauer zu verstehen, was es mit den Symbolen auf sich hat und wie Sie diese im Chart erkennen. Im nächsten Kapitel wird es nun richtig spannend, denn jetzt gehe ich darauf ein, wie Sie diese Chartformationen für sich verwenden können – wann Sie sich in die Aktie einkaufen, sie wieder abstoßen und damit Gewinne erzielen.

Daytrading erlernen: Den Aktienchart interpretieren

VERSCHIEDENE GEWINNSTRATEGIEN

Streng genommen bildet das Daytrading lediglich eine von vielen Strategien unter Tradern, weshalb ich in diesem Abschnitt auf weitere Möglichkeiten eingehe, wie Sie Trading betreiben können. Dabei soll die eine Strategie keineswegs eine andere ausschließen, sondern es sollte eine Zusammenarbeit miteinander sein. Das bedeutet, dass bei weniger erfolgreicher Anwendung des Daytradings auch mit einem Teil des Investitionskapitals eine andere Strategie verfolgt werden kann. So können Verluste aus risikoreichen Daytrading-Geschäften mithilfe anderer Trades ausgeglichen werden und Sie als Trader erlangen vielfältiges Wissen über die Chancen, welche manche Charts bieten und manche Charts eher nicht vorweisen.

<u>Daytrading</u>
Damit Sie bei den folgenden Strategien einen Vergleich mit dem Hauptthema dieses Buches, dem Daytrading, anstellen können, möchte ich dies noch einmal definieren und wichtige Eigenschaften nennen, zu denen sich andere Gewinnstrategien unterscheiden. Zum einen eröffnen und schließen Daytrader Ihre Trades innerhalb eines Tages, was bedeutet, dass Sie sich eine gegenläufige Bewegung nicht leisten können. Deshalb werden Stop-Loss-Marken auf einem vergleichsweise hohen Niveau gesetzt, um im schlechtesten Fall nur kleine Verluste zu generieren. Des Weiteren entstehen durch diese Herangehensweise auf den meisten Plattformen deutlich weniger Kosten, da Ordergebühren oft wegfallen oder sehr gering sind und keine sogenannten Übernachtfinanzierungskosten anfallen. Je nach Plattform werden diese fällig, wenn der Trade

über eine etwas längere Dauer gehalten wird als geplant und die Entwicklungen des nächsten Tages genutzt werden müssen, um nicht zu hohe Verluste hinnehmen zu müssen. Dadurch, dass insbesondere schnelle Gewinne aus meist tertiären Trends generiert werden, ist die Arbeit als Daytrader ohne Unterbrechungen durchzuführen und ähnelt auch für Hobbytrader einem Minijob. Im Gegensatz zu anderen Strategien ist permanent eine hohe Konzentration nötig, sodass Verschnaufpausen innerhalb einer Session nur selten möglich sind.

Scalping

Hierbei handelt es sich um eine Unterform des Daytradings, welche sich dadurch auszeichnet, dass „Scalper" einen Trade innerhalb weniger Sekunden oder maximal Minuten abschließen. Das bedeutet, dass das Risiko für Übernachtfinanzierungskosten nicht vorhanden ist und sich lediglich auf die sehr kleinen tertiären Trends konzentriert wird. Dabei wird ein Kurs gesucht, welcher im sekundären Trend momentan sehr beständig ist und es deshalb nicht zu erwarten ist, dass eine Durchbrechung erfolgt. So wird innerhalb des sekundären Trends immer wieder während der Tiefs gekauft und zu nahezu jedem kleinen Hoch verkauft. Wichtig dabei ist außerdem eine sehr hohe Volatilität des Marktes, da die Kursschwankungen sonst zu gering sind.
Des Weiteren ist es wichtig, zu erwähnen, dass „Scalper" oft mit Kritik konfrontiert werden und das Modell hauptsächlich auf Glück basiert. Dass dies nicht der Fall ist, zeigen erfahrene Trader immer wieder, indem sie mithilfe dieser Taktik konstante Gewinne einfahren. Die Kritik bezieht sich daher insbesondere auf die Verlockung für Anfänger, ebenso diese Strategie auszuführen, doch diese können auf Dauer keinen Erfolg haben, da es sich hierbei um sehr komplexe Marktstrukturen handelt und die Trader fast ausschließlich aufgrund von Wahrscheinlichkeiten Entscheidungen treffen. Deshalb ist vor der Ausführung dieser Taktik eine Menge Erfahrung nötig und das Einsetzen von minimalen

Beträgen empfohlen – am besten im Cent-Bereich. Dies dient der Übung und bereitet Sie darauf vor, später keine Panik im Umgang mit großen Summen zu bekommen.

Positions-Trading

Deutlich vom Daytrading und der weiteren Strategien dieses Abschnitts abzugrenzen ist das sogenannte Positions-Trading. Ähnlich wie beim aktiven Investieren hält der Trader sich seine Position über mehrere Tage, Wochen oder sogar Monate offen, um bei hohen Kursgewinnen zu verkaufen. Er tritt sozusagen als Beobachter auf und investiert deshalb in deutlich weniger Aktien, die er mehrmals täglich überprüft. Der Zeitaufwand ist überschaubar, da eine Überprüfung der gespeicherten Charts nicht länger als fünf Minuten in Anspruch nimmt. Somit geht der Positions-Trader, je nachdem, wie viele verschiedene Trades er mit dem verfügbaren Kapital gleichzeitig eingeht, ein recht hohes Risiko ein, da sich starke Kursverluste direkt auf sein Portfolio auswirken – dafür profitiert der Trader von hohen Gewinnen jedoch ebenfalls sehr stark. Bei der Auswahl und Einschätzung der Aktien ist es neben der technischen Chartanalyse auch nötig, Unternehmenskennzahlen und weitere Einflussfaktoren zu kennen und effektiv zu nutzen.

Swing-Trading

Die sogenannten „Swings“ werden als kurzfristige Kursbewegungen definiert, welche aufgrund dessen auftreten, weil der Preis der Aktie nicht an den realen Wert angepasst ist. Swing-Trader suchen sich Aktien heraus, welche sich im inneren Wert vom Marktwert unterscheiden. Innere Werte werden von Experten und Plattformen herausgegeben, die sich hauptsächlich mit Trading beschäftigen. Meist sind innere Werte und Marktwerte nahezu identisch, doch das ist nicht immer so. Ist der innere Wert höher, investiert der Swing-Trader, in der Hoffnung, dass sich der Marktwert anpasst. Während der Investition befindet sich der Kurs optimalerweise in einem Swing-Low, sodass während eines Swing-Highs, also eines Kurshochs, ausgestiegen werden kann. Zwar entwickelt sich der Kurs nicht stets so, wie der innere Wert es vorgibt, die Wahrscheinlichkeit dafür liegt allerdings bei über 50 Prozent – und das bedeutet regelmäßige Gewinne, die je nach Sekundär- oder Tertiärtrend höher oder niedriger ausfallen können. Eine explizite Dauer zwischen Erwerb und Verkauf wird nicht vorgeschrieben.

Trend-Trading

Diese Form des Tradings folgt im Grunde genommen der Trendfolger-Strategie, welche ich bereits im Abschnitt „Aktienstrategien" vorgestellt hatte. Dabei konnte die Zeitspanne frei gewählt werden, wobei insbesondere längerfristige Investments im Vordergrund standen, die den primären Trend nutzen und deshalb weniger Risiko eingehen. In diesem Fall geht es vor allem um kurzfristige Trades, welche innerhalb eines sekundären Trends stattfinden und bei denen versucht wird, zum bestmöglichen Zeitpunkt vor der Konsolidierung auszusteigen. Dafür sind die im Kapitel zuvor erläuterten Chartformationen enorm wichtig, da diese Aufschluss darüber geben, wann sich der Einstieg lohnt und wann der Trader lieber die Finger vom Produkt lassen sollte.

Da sich diese Strategie bei den meisten Daytradern wiederfindet und deshalb auch einen Großteil des Daytradings ausmacht, insbesondere bei Beginnern, werde ich im Folgenden dieses Kapitels die beispielhafte Analyse des Aktiencharts unter den Prinzipien dieser Strategie durchführen. Auch Ihnen empfehle ich das Beginnen mit der Trend-Strategie, da sie durch das Traden unter der Kappe des großen Trends vergleichsweise hohe Sicherheit verspricht. Dabei ist es nicht entscheidend, ob sich der Trader auf kleine Gewinne aus tertiären Trends im Schatten des aufsteigenden Sekundärtrends konzentriert oder sich etwas längerfristig über eine Dauer von mehreren Tagen auf die Sekundärtrends konzentriert, welche unter dem Deckmantel des aufsteigenden Primärtrends stattfinden.

BEISPIELHAFTE ANWENDUNG DES TREND-TRADINGS

Aufgrund der im Abschnitt zuvor erläuterten vielfältigen Möglichkeiten, Trading zu betreiben, möchte ich mich in diesem Praxisbeispiel auf die Strategie des Trend-Tradings konzentrieren. Dafür habe ich unterschiedliche Zeitspannen ausgewählt, in denen verschiedene Trades stattgefunden haben könnten. Die einzelnen Möglichkeiten dazu werde ich nun analysieren und Ihnen Schritt für Schritt die Einstiegs- und Ausstiegszeitpunkte anhand der aktuellen Entwicklung der Volkswagen-Aktie erklären. Die Auswahl der Aktie erfolgt auch hierbei zufällig, um Ihnen einen möglichst realistischen Einblick zu geben. Des Weiteren handelt es sich um die aktuellen Entwicklungen des Aktienkurses, was beweist, dass es sich hierbei um einen beliebigen Chart handelt.

Quelle aller in diesem Abschnitt genutzten Grafiken: https://www.finanzen.net/aktien/volkswagen-aktie

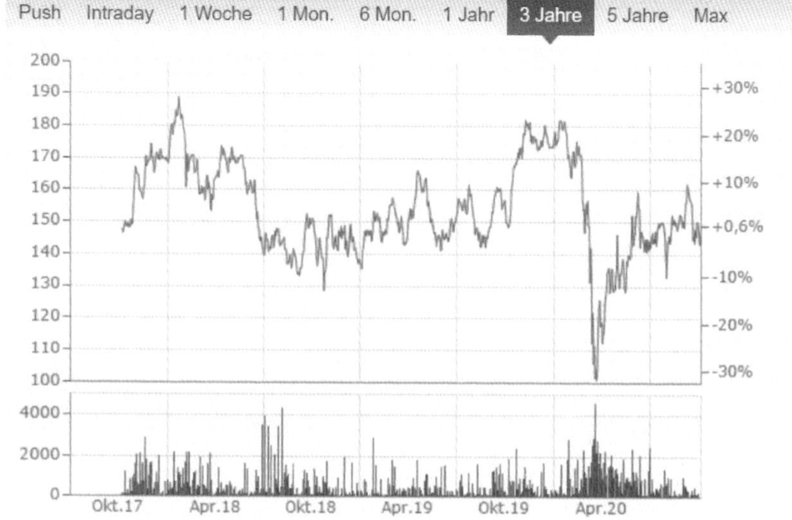

Zunächst ist es essenziell, sich einen Überblick über die Gesamtsituation der Aktie zu verschaffen, um anhand dieser Informationen die Marktlage zu verstehen. Zu Beginn 2016 sank die Aktie in den Keller, weshalb sich der Kurs im Gesamten auf einem recht niedrigen Niveau befindet. Auslöser dafür war der unter dem „Diesel-Skandal" bekanntgewordene Betrug der Abgaswerte von Neuwagen. Der Kurseinsturz zu Beginn des Aprils 2020 begründet sich eindeutig mit der Corona-Krise, weshalb dieses Rekordtief in die Interpretation der Unterstützungslinie nicht einbezogen wird. Diese zieht sich in dem betrachteten Zeitraum auf einem Niveau von in etwa 130 Punkten, was für die weiterführenden Betrachtungen durchaus noch eine Rolle spielen wird. Ebenso lässt sich eine eindeutige Widerstandslinie erkennen, welche sich in etwa bei 180 Punkten befindet – der kleinere Ausreißer mit dem Rekordhoch zum Jahresbeginn 2018 nimmt darauf keinen wesentlichen Einfluss. Außerdem lässt sich zwischen der Mitte 2018 und dem Ende 2019 ein eindeutiger primärer Aufwärtstrend beobachten, welcher mit den zugehörigen sekundären Trends optimal für etwas langfristig gedachte Trades hätte genutzt werden können. Insbesondere Verfolger des Swing-Tradings werden diese für sich entdeckt haben. Nach der Corona-Krise lässt sich ein eindeutiger Aufwärtstrend abzeichnen, welcher aufgrund des Trends vor der Krise noch nicht am Höchstpunkt angekommen zu sein scheint, da das Niveau der Widerstandslinie bei 180 Punkten noch nicht erreicht ist. Fazit: Es lässt sich festhalten, dass sich der Aktienkurs auf einem primären Aufwärtstrend befindet, welcher in nächster Zeit die Widerstandslinie erreichen wird. Die dafür benötigte Zeitspanne schätzen Experten auf drei bis vier Monate.

Nun wird es bereits etwas spannender für Trader, welche kurzfristige Strategien verfolgen. Die Zeitspanne beträgt nun nur noch einen Monat und das Hoch auf 160 Punkten ist hierbei ebenso wie in der vorherigen

Grafik ausgezeichnet zu erkennen. Zunächst fällt auf, dass sich das Zeichnen einer weiteren Unterstützungslinie lohnt. Es ist gut zu erkennen, dass auf einem Niveau von in etwa 143 Punkten alle vier der entstandenen Tiefs enden und einen Anstieg zur Folge hatten. Leicht umzusetzen wäre daher ein Trade am 27.09. oder 4.10., als der Kurs zum erneuten Mal ein Tief erreicht hat. Die Aktie wird auf einem Niveau von 143 erworben und nach wenigen Tagen bei 150 Punkten wieder abgestoßen. Die folgende Konsolidierung und die sich dabei bildende Flagge sind leider nur schwer berechenbar, weshalb ich von einem erneuten Einkauf zu diesem Zeitpunkt abgeraten hätte. Dies wäre die richtige Entscheidung gewesen, da der Kurs im folgenden Verlauf wieder auf ein ähnliches Niveau der Unterstützungslinie sank. Einem erneuten Einkauf steht nun nichts im Weg.

Zu sehen ist außerdem, dass ein Verkauf der Aktie auch jetzt noch nicht notwendig ist, da eine Wertsteigerung auf das Niveau der Widerstandslinie bei 150 Punkten wahrscheinlich ist. Ebenso ist im Anschluss daran eine weitere Steigung möglich, da sich die Aktie, wie im vorherigen Chart erläutert, im Aufwärtstrend befindet. Das Risiko für eine längerfristige Investition, welche bis zu mehrere Wochen umfassen kann, ist als gering einzuschätzen. Deshalb ist es für Sie als Daytrader ratsam, auf Höhe der Unterstützungslinie mit zwei Ordern einzusteigen, sodass der eine Trade bei dem Niveau von 150 beendet ist und der zweite längerfristig im Depot gehalten wird. Wie sich die Aktie nun wirklich entwickelt, kann niemand mit an Sicherheit grenzender Wahrscheinlichkeit vorhersagen, jedoch ist meine Prognose die mit Abstand am wahrscheinlichste Entwicklungsoption.

Doch lassen sich diese vorgeschlagenen Handlungen bereits dem Daytrading zuordnen? Nicht wirklich, denn die empfohlenen Trades sind eher längerfristige Spekulationen aufgrund der technischen Chartanalyse und externen Faktoren, sodass es sich hierbei zwar nicht um aktives Investment mithilfe einer Aktienstrategie handelt, allerdings um langfristiges Trend-Trading. Dennoch sind auch anhand dieses Charts eindeutig Möglichkeiten zum Daytrading zu erkennen. Ich denke, Sie haben bereits gesehen, welches Muster sich optimal eignet und noch dazu eine fast idealtypische Entwicklung genommen hat. Die Rede ist vom kurzzeitigen Hoch zwischen dem 29.09. und dem 03.10. auf einem Niveau von etwa 150 Punkten.

Daytrader zielen auf kleinere Gewinne tertiärer Trends ab, sodass diese Kursschwankungen optimal in das Schema passen. Die Konsolidierung nach dem starken Anstieg am 29.09. eignet sich einwandfrei für saubere Trades. Zum Zeitpunkt des ersten Absturzes und als der Kurs wieder andeutet, eine Flagge oder zu diesem Zeitpunkt auch ein mögliches Dreieck zu bilden, steigen Sie als Trendfolger ein. Im Anschluss erreicht der Kurs noch innerhalb eines Tages erneut das Niveau von 150 Punkten – Ihr Ausstiegssignal.

Nun wird es einfacher, da sich die Flagge ausbildet. Erneut steigen Sie auf einer Höhe von in etwa 147 Punkten ein und idealerweise bei 150 Punkten aus. Haben Sie diesen Ausstieg verpasst, weil Sie auf eine weitere Steigung spekuliert haben und das Erreichen der Marke zugegebenermaßen sehr kurzzeitig war, verfallen Sie nicht in Panik und nutzen das nächste und letzte Hoch der Flagge. Es ist sehr unwahrscheinlich, dass die Konsolidierung der Flagge bereits nach zwei Tiefs beendet ist, weshalb es kaum einen Grund gibt, nervös zu werden. Die kurze Geduld über in etwa einen Tag zahlt sich aus und Sie verkaufen Ihre Anteile zu einem Kurswert von 150 Punkten. Theoretisch hätte nun im Anschluss der Trend weiter Bestand haben können, doch das ist aufgrund des Neigungswinkels des vorausgegangenen Aufwärtstrends am 28.09. bis 29.09. recht unwahrscheinlich.

So folgt der zuvor analysierte Abschwung bis zur Höhe der Unterstützungslinie und ein weiterer, deutlich gemäßigter Trend setzt an – und Sie sind wieder mittendrin.

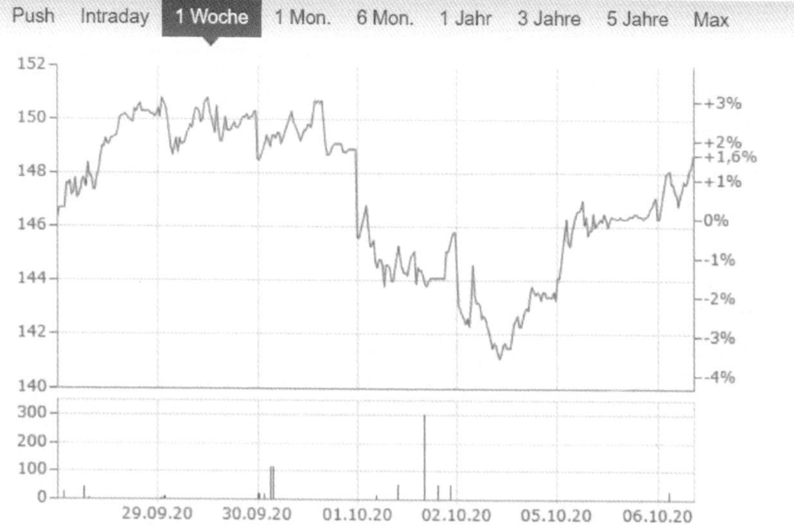

Mithilfe dieses letzten Charts möchte ich noch einmal die Daytrading-Möglichkeiten dieser Aktie abrunden. Sie sehen das Verhalten des Charts der vergangenen Woche und erkennen mittlerweile selbst sehr gut, wann die richtigen Einstiegs- und Ausstiegszeitpunkte beim Trend-Trading in kurzen Daytrading-Zeitspannen gewesen wären. In diesem Chart ist noch einmal detaillierter zu sehen, was ich im vorherigen Abschnitt bezüglich der Konsolidierungsphase auf dem Niveau von in etwa 150 Punkten erörtert habe. Aufgrund des immens wichtigen Wochenvergleichs ist außerdem gut zu erkennen gewesen, dass der Chart bei dem in diesem Diagramm tiefsten Kurs von 141 Punkten wieder steigen wird. Doch diese Eigenschaft hätten Sie bei einem reinen Tages-Trade nicht gehabt. Deshalb möchte ich an Sie appellieren, insbesondere zu Beginn des Daytradings immer das große Ganze im Hinterkopf zu behalten und zu wissen, wo sich die Unterstützungs- und Widerstandslinien befinden. Ohne diese wird das kurzfristige Trading zum Glücksspiel. Des Weiteren ist sehr gut zu erkennen, dass das sogenannte Scalping mit wenig Erfahrung einem Casino-Spiel gleicht, da hierbei innerhalb weniger Minuten ein Trade abgeschlossen und sich dem nächsten zugewendet wird. Das hat zur Folge, dass der „Scalper" permanent diverse Informationen und Hintergrundwissen bereit haben muss, um große Fehler vermeiden zu können. Viele Trader nehmen deshalb trotz des großen Erfahrungsschatzes von dieser Variante Abstand und vertrauen Ihrem längerfristigen Können, sodass auch dabei enorme Renditen generiert werden.

EINBLICK IN DEN ALLTAG EINES BERUFSTRADERS

In diesem Abschnitt möchte ich darauf eingehen, wie ein typischer Tag eines Traders aussieht, welche Mythen stimmen und nicht stimmen und inwieweit er sich vom Trading eines Hobbytraders unterscheidet.

Zunächst einmal haben viele beim Berufsbild „Daytrader" eine stets gut informierte Person mit Zeitung in der Hand vor Augen. Doch die zahlreichen Informationen, die für das Trading von Bedeutung sind, stammen nicht aus Zeitungen oder anderen Medien, die ebenso viele andere Personen lesen, welche nichts mit dem Trading am Hut haben. Vielmehr beschafft sich ein Trader seine eigenen Informationen durch Kennzahlen und durch die Beobachtung von Märkten. Dafür spielen insbesondere asiatische und US-amerikanische Märkte eine große Rolle, da sie in den einzelnen Branchen mehr oder weniger großen Einfluss auf die Entwicklungen am deutschen Markt nehmen. Aus diesen Gründen besteht eine der täglichen Hauptaufgaben eines Berufstraders in der ständigen Beobachtung von Märkten, wofür unter anderem auch Software wie sogenannte Marktscanner zum Einsatz kommen, die die vorhandenen Daten nach Auffälligkeiten und individuell eingestellten Filtern durchsuchen.

Meist wird ein Trader erst 15 bis 30 Minuten nach Marktöffnung aktiv, da die Aktienkurse in der Zeit vorher schwer einzuschätzen sind. Nach Ablauf dieser Zeit können bereits die ersten Order platziert werden, meist auf Grundlage der Erfahrung der vergangenen Tage und durch fundiertes Wissen über die betreffende Branche. Zwar entscheidet der Trader dann selbst, mit welcher Aktie gehandelt wird, jedoch wird der Trade oft von einem Computer nach vorher festgelegten Kriterien ausgeführt. Dazu gehört neben der Stop-Loss-Marke auch eine Gewinngrenze, bei welcher die Aktie spätestens verkauft werden soll. Dieses Vorgehen erhöht die Genauigkeit und wird immer öfter im Handel genutzt, da ohne den Einsatz von Computern Nachteile aufgrund der längeren Reaktionszeit des menschlichen Händlers entstehen.

Zusammenfassend lässt sich behaupten, dass Daytrader insbesondere als Beobachter und Experten betitelt werden können, welche Trades für Computer in Auftrag geben. Dass der Trader das gehandelte Finanzprodukt selbst kauft, ist zunehmend seltener geworden und nicht mehr der Standard. Das bedeutet jedoch nicht, dass diese Arbeit möglicherweise bald vollständig von Computern übernommen werden könnte. Dafür sind die verschiedenen Möglichkeiten und Hintergründe zu komplex, als dass der Computer stets die richtige Entscheidung treffen könnte. Die Programmierung einer solchen Maschine, welche mithilfe der Brute-Force-Methode die verschiedenen Märkte lernt, ist momentan noch nicht möglich. Des Weiteren sind Spekulationen und das Treffen von Entscheidungen unter Unsicherheit für den Menschen deutlich einfacher als für Computer.

Welche Zusammenhänge entstehen bezüglich der Arbeit von Hobbytradern? Die größte Gemeinsamkeit, die Sie als Daytrader mit Berufstradern haben, ist die beobachtende Komponente. Eine Ihrer Hauptaufgaben ist das permanente Lernen und Verstehen verschiedener Märkte und somit, die sich daraus ergebenden Chancen zu erkennen. Jedoch setzen Sie die Trades eigenhändig und entscheiden per Mausklick selbst, wann der Trade beendet ist. Des Weiteren schließen Hobbytrader in der Regel deutlich risikoärmere Trades ab als Berufstrader, welche im Auftrag traden und sich eine bestimmte Rendite als Ziel gesetzt haben. Im Hobbybereich ist von dieser Vorgehensweise eindeutig abzuraten.

TRADING SPEZIAL: WO ES NOCH MÖGLICH IST

Besonders am Anfang des Daytradings werden Trader vor die Frage gestellt, ob das Kapital am Aktienmarkt wirklich am sinnvollsten investiert ist. Das liegt daran, dass es heutzutage diverse Alternativen gibt, wo das in diesem Buch vermittelte Wissen ebenfalls angewendet werden kann. Zwei dieser Möglichkeiten möchte ich in diesem Abschnitt aufgreifen und Ihnen erklären, was die Unterschiede zum klassischen Trading mit Wertpapieren sind. Lohnt sich der Umstieg?

Trading am Devisenmarkt

Am Devisenmarkt wird anders als auf dem Aktienmarkt mit Währungen gehandelt. Das bedeutet im Besonderen, dass die Beziehungen von Währungen untereinander getradet werden. Viele Trader sind aufgrund folgender Eigenschaften des Devisenmarktes der Meinung, er eigne sich besser für Trading als der Aktienmarkt. Ich persönlich habe dahingehend eine zwiegespaltene Meinung, da ich sozusagen auf dem Aktienmarkt groß geworden bin und mich hier auskenne. Dennoch verschließe ich mich nicht vor den offensichtlichen Vorteilen und möchte sie nun auch Ihnen stückweise näherbringen.

Der erste Aspekt ist das deutlich vergrößerte Handelsvolumen auf dem Devisenmarkt. Experten sind sich einig, dass täglich in etwa fünf Billionen US-Dollar gehandelt werden, was weitaus mehr als die 200 Milliarden US-Dollar des Aktienmarktes sind. Dies liegt insbesondere an den beliebten Währungspaaren EUR/USD und GBP/USD. Ein hohes

Volumen ist für Trader deshalb attraktiv, weil es verhindert, dass große Lücken zwischen den vorgegebenen Preisen und den tatsächlichen Preisen entstehen. So können die Trades öfter zu genau den Preisen abgeschlossen werden, wie sie der Markt vorgibt, da es eine vergrößerte Anzahl an Marktteilnehmern bzw. Anbietern und Nachfragern gibt. Mithilfe dieser Eigenschaft können Markteinstiege sowie Marktausstiege präziser gewählt und geplant werden, als es bei durchschnittlichen Aktien der Fall ist. Jedoch gibt es auch hier Märkte mit enorm hoher Volatilität, sodass dieser Vorteil insbesondere gegenüber Aktien entsteht, welche seltener als der Durchschnitt gehandelt werden.

Neben dem hohen Volumen und der sich daraus ergebenden attraktiven Liquidität fallen auf Devisenmärkten seltener Transaktionskosten an, da die Vermittlung für die Plattformen oft einfacher möglich ist. Dennoch gibt es, wie bereits im Abschnitt „Auswahl des Onlinedepots für Trader" beschrieben, ebenso jede Menge Produkte, welche auch am Aktienmarkt kostengünstig gehandelt werden können – teilweise sogar ganz ohne Gebühren.

Eine weitere Eigenschaft des Devisenmarktes ist die Tatsache, dass der Handel 24 Stunden pro Tag an fünf Tagen in der Woche möglich ist. Das liegt daran, dass der Handel nicht über herkömmliche Börsen stattfindet, sondern über den Interbank-Markt, sodass auf dem Devisenmarkt als einen Freiverkehrsmarkt dauerhaft – außer am Wochenende – gehandelt werden kann. So kann das Trading zu den unterschiedlichsten Geschäftszeiten auf der ganzen Welt stattfinden, während die einzelnen Börsen aufgrund der Zeitverschiebungen immer zu unterschiedlichen Zeiten geöffnet haben. Meiner Meinung nach liegt hier ein Vorteil vor, der mich selbst bereits des Öfteren dazu bewegt hat, die eine oder andere Order am Devisenmarkt zu platzieren, weil ich meinen Flow nicht durch die Schließzeiten der Börse unterbrechen wollte.

Auf dem Devisenmarkt herrscht wegen der geringeren Anzahl an zu handelnden Währungspaaren ein deutlich engerer Fokus, als es auf dem

Aktienmarkt mit schier unendlich vielen verfügbaren Aktien der Fall ist. Einerseits sorgt der enge Fokus für eine bessere Übersicht der wirklich relevanten Fakten und Zahlen, allerdings schränkt dies auch enorm ein. Beim Börsenhandel dagegen ergeben sich aufgrund der hohen Anzahl an vorhandenen Aktien und weiteren Finanzprodukten, wie beispielsweise CFDs, diverse Möglichkeiten, Potenziale auszuschöpfen und hohe Gewinne zu erzielen.

Abschließend lässt sich zum Devisenhandel sagen, dass er insbesondere für Trader mit kurzfristigen Strategien geeignet ist, worunter auch das Daytrading zählt. Die Hauptgründe hierfür sind das hohe Marktvolumen und die geringen Kosten für die Transaktionen. Dennoch können auch mittelfristige Trading-Strategien am Devisenmarkt für Erfolg sorgen, ich persönliche bevorzuge dann jedoch lieber den Aktienmarkt. Experten empfehlen ebenfalls, ab mittelfristig langen Trades den Aktienhandel gegenüber dem Devisenmarkt vorzuziehen, da das Risiko aufgrund exakterer Vorhersagen individueller wählbar ist.

Trading mit CFDs

Weg vom Devisenmarkt, zurück zum Börsenhandel. Nun geht es um CFDs, doch was ist das eigentlich? Die Abkürzung CFD steht für „Contract for Difference". Es handelt sich hierbei also um einen sogenannten Differenzvertrag, der mit einer Gegenpartei auf die Differenz eines Kurses abgeschlossen wird. Doch diese Definition erklärt den Sachverhalt meiner Meinung nach deutlich zu umständlich. Im Grunde genommen spekulieren Sie als Trader auf die Wertentwicklung einer Aktie, erwerben diese aber nicht. Das bedeutet, dass Sie auch ohne den Besitz von echten Werten, wie einem Wertpapier oder Edelmetallen, Gewinn generieren können, indem Sie beispielsweise CFDs nutzen. Grundlegend setzt der Trader auf steigende Kurse („Long") oder fallende Kurse („Short"). Doch damit nicht genug: Zusätzlich wird eine Hebelfunktion genutzt, die erst dafür sorgt, dass das Spekulieren mit CFDs enorm risikovoll wird. Diese

Hebel vervielfachen den Gewinn und ebenso den Verlust um den vorgegebenen Wert.

Einfacher zu verstehen ist das CFD-Trading meiner Meinung nach mithilfe eines einfachen Beispiels. Sie schließen einen CFD (also eine Wette) auf das Steigen (Long) des Kurses einer Aktie ABC mit einem Hebel von zehn ab. Nach dem Handelstag steht der Kurswert der Aktie ABC zwei Prozent unterhalb des Ausgangswertes, sodass sich Ihre „Wette" nicht erfüllt hat. Durch die Hebelwirkung verlieren Sie nun nicht nur zwei Prozent des eingesetzten Kapitals, sondern 20 Prozent, also das Zehnfache bei einem Hebel von 10. Ich hoffe, Sie bemerken, wie schnell dabei eine Menge Geld verloren gehen kann, vor allem, weil nur schwer vorhersagbar ist, wie weit der Kurs wirklich steigt oder fällt.

Doch dieses einfache Beispiel entspricht nicht zur Gänze der Realität. Ein wichtiger Faktor ist, dass der Hebel nicht einfach selbst bestimmt wird. Dieser wird anhand des sogenannten Margin ermittelt. Denn die Gegenpartei, mit der der CFD abgeschlossen wird, ist in den meisten Fällen der Onlinebroker. Dieser gibt für eine bestimmte Aktie eine Margin, beispielsweise von drei Prozent, vor. Sie als Trader möchten nun auf die Steigerung (Long) eines Aktienkurses spekulieren und setzen dafür beispielsweise 300 Euro ein. Der Hebel beträgt nun 33,33 und das Kapital, mit dem insgesamt gehandelt wird, steigt auf 100.000 Euro, da die eingesetzten 300 Euro lediglich drei Prozent (entspricht der Margin) davon darstellen. Geht man nun davon aus, dass der Kurs der Aktie, auf die Sie spekuliert haben, um fünf Prozent steigt, so beträgt der Wert Ihres imaginären Portfolios nun 10.500 Euro, obwohl Sie real nur 300 Euro eingesetzt haben. Der Wert des Gewinns ergibt sich aus der fünfprozentigen Steigerung des Aktienkurses, von dem Sie Anteile im Wert von 10.000 Euro in Ihrem Portfolio haben. Obwohl sich die Aktie um lediglich fünf Prozent verbessert hat, haben Sie Ihren Einsatz fast verdoppelt und 500 Euro Gewinn generiert. Daran erkennen Sie sehr gut, wie stark die Wirkung des Hebels sein kann und dass es sich hierbei um ein

Hochrisikoinvestment handelt.

Problematisch wird es jedoch, wenn der Kurswert weiter sinkt, als die Margin beträgt. Bei einer Entwicklung des Kurses gegen die Richtung Ihrer Wette verlieren Sie Geld. Beträgt der Kursverlust so viel, wie die Margin betragen hat, handelt es sich um einen Totalverlust. Doch handelt es sich um weitere Prozentpunkte, so sind Sie aufgrund des Vertrages, den Sie durch den CFD abgeschlossen haben, dazu verpflichtet, die Differenz zu bezahlen. Ebenso kommt auch der Broker dieser Pflicht nach, falls Sie enorme Gewinne, wie im Beispiel zuvor beschrieben, einfahren. Diese sogenannte Nachschusspflicht bzw. in Fachsprache oft als „Margin Call" bezeichnet, kann dazu führen, dass Sie enorm hohe Schulden erzeugen. Börsen- und Trading-Anfänger sollten deshalb unbedingt die Finger von Finanzprodukten dieser Art lassen, wozu auch andere Derivate gehören. Ich selbst handle nicht mit CFDs, da ich trotz Trading auf Sicherheit bedacht bin. Meiner Meinung nach ist die Schuldenfalle bei einem plötzlichen Kursverfall zu risikoreich und für Hobbytrader eindeutig zu gefährlich.

Typische Trading-Fehler, die Sie unbedingt vermeiden sollten

In diesem Kapitel werde ich auf typische Fehler eingehen, die insbesondere Tradern unterlaufen, die noch über wenig Erfahrung verfügen und demnach aus Ihren eigenen Fehlern lernen müssen. Damit Sie sich bereits auf die gängigsten Fehler einstellen können und nicht unnötige Verluste hinnehmen müssen, sollten Sie sich meine Ausführungen aufmerksam durchlesen und überdenken.

Sie sind geistig nicht fit genug. Befinden Sie sich in einem Zustand, der Sie möglicherweise unzurechnungsfähig machen könnte, nehmen Sie Abstand vom Trading. Fehler und unüberlegte Entscheidungen schleichen sich so deutlich schneller ein. Gründe für fehlende geistige Fitness können Müdigkeit, Erschöpfung, Aufputschmittel oder auch Betäubungsmittel sein. Traden Sie nur, wenn Sie sich wirklich gesund fühlen!

Sie denken an vergangene Trades. Vergangene Trades sind, auch wenn Sie die Erfahrung aus ihnen für die Zukunft nutzen sollen, Geschichte. Erinnern Sie sich an einen Trade, der Ihnen Verluste beschert hat, beziehen Sie diese Gedanken auf den aktuellen Trade und sind nicht mehr objektiv. Ebenso verhält es sich mit vergangenen, besonders erfolgreichen Trades, welche ebenso nichts mit der aktuellen Entscheidung zu tun haben. Konzentrieren Sie sich auf das Hier und Jetzt und nicht auf die Vergangenheit – Sie werden auf eine negative Art und Weise beeinflusst.

Sie traden aus Langeweile. Manche Trader berichten nach ihrem Ausstieg aus dem Geschäft von einem erhöhten Suchtpotenzial des Tradings. Zwar kann ich dies so nicht bestätigen, dennoch möchte ich es an dieser Stelle an Sie weitergeben. Seien Sie sich der Gefahr bewusst, insbesondere nach einer Gewinnserie in eine Art Rausch zu verfallen, und traden Sie deshalb nicht beispielsweise aus Langeweile. Eine Session sollte gut vorbereitet und geplant sein, damit Sie stets gut informiert sind und die nötige geistige Fitness mitbringen. Ein Trade aus Langeweile wird in der Regel nicht gut gehen.

Sie erwarten zu viel vom nächsten Trade. Mit Sicherheit wird früher oder später der eine Trade dabei sein, der Ihnen einen hohen Gewinn beschert und Ihr Aushängeschild beim Prahlen vor Freunden ist – doch höchstwahrscheinlich ist es nicht der nächste. Erwarten Sie dies allerdings vom nächsten Trade, steigen Sie nicht rechtzeitig aus und reizen Ihr Glück aus. Halten Sie sich trotz großer Wünsche an Ihre Strategie. Kleine Gewinne summieren sich ebenso.

Sie setzen sich unrealistische Ziele. Die Rede ist hierbei vom sogenannten Erwartungswert. Für die Berechnung dieses Konzeptes gibt es im Trading zwar keine konkrete Formel, jedoch kennen Sie den Markt genau und wissen um die durchschnittliche Rendite. An dieser orientieren Sie Ihren Erwartungswert und lassen zusätzlich Faktoren wie eine eindeutige Marktstellung positiv mit einfließen. So erreichen Sie, dass Sie bei einem Gewinn oberhalb der erwarteten Rendite vorsichtig werden und eine Marke haben, an der Sie die Stop-Loss-Marke erneut orientieren können, nachdem der Wert gestiegen ist.

Sie nutzen Ihre Stop-Loss-Marke nicht korrekt. Nicht immer ganz einfach ist das Setzen der Stop-Loss-Marke. Wichtig ist, dass diese realistisch gesetzt ist und sich an den Erwartungswert im negativen Sinne anpasst. Des Weiteren sollten Sie die Marke niemals innerhalb eines Trades nach unten ausweiten. Das Konzept wird sonst wertlos und Sie handeln höchstwahrscheinlich nicht mehr nach Ihrem ursprünglichen Plan. Das Setzen einer Stop-Loss-Marke ist übrigens essenziell und wird von mir bei jeder Order dringend empfohlen – insbesondere am Anfang.

Sie analysieren zu viel. Ja, ich habe Ihnen innerhalb dieses Buches eine Menge Möglichkeiten aufgezeigt, wie Aktienkurse analysiert werden können. Dazu gehört, woraus sie sich zusammensetzen, weshalb sie sich verändern und wann sie sich gut für einen Trade eignen. Neben diesen Eigenschaften gibt es vor allem im Netz allerdings noch viele weitere teils kuriose Ideen und Anmerkungen, wie ein Aktienkurs analysiert werden könnte und welche Faktoren Einfluss auf diesen nehmen. Dasselbe ist bei Trading-Strategien der Fall, welche oftmals überanalysiert werden, um bestmöglich aus den Fehlern zu lernen. Doch das ist nicht immer zielführend. Vertrauen Sie auf Ihr Wissen und konzentrieren Sie sich nach einem misslungenen Trade auf den nächsten. Verluste sind ganz natürlich und passieren jedem Trader zu Genüge. Es ist nicht notwendig, sofort sein gesamtes Konzept über den Haufen zu werfen.

Sie weichen von Ihrer Strategie ab. Beginnen Sie einen Trade mit einer klaren Strategie und ziehen Sie diese durch. Das Vermischen der Strategien ist nur in seltenen Fällen erfolgreich und nimmt oft einen negativen Einfluss auf den Trade. Seien Sie sich deshalb vor Einkauf genau darüber im Klaren, welche Pläne und Ziele Sie mit welcher Strategie verfolgen, und weichen Sie nicht sofort vom Plan ab, falls kleine Unregelmäßigkeiten auftreten.

Sie gehen unnötiges Risiko. Dies erkennen Sie oftmals daran, dass in einem Trade plötzlich mehr als 20 bis 30 Prozent des gesamten Investitionskapitals stecken und der Erfolg der Session von dem Ausgang dieses einen Trades abhängt, denn das darf nie der Fall sein. Bei allen Trades sollte in etwa ähnliches Kapital eingesetzt werden, sodass nicht einer deutlich wichtiger als die anderen werden. Ausgeglichenheit steht an oberster Stelle.

Sie dokumentieren vergangene Trades nicht. Vor allem, wenn Sie auf unterschiedlichen Plattformen traden, ist eine Übersicht der Sessions zu erstellen, welche mindestens jeweils den Gesamtgewinn und -verlust der Trades beinhaltet. Besser wäre noch eine Ergänzung um die jeweils getradeten Aktien mit Erfolgen und Misserfolgen. Das sorgt für den positiven Effekt, dass Sie nicht nach Bauchgefühl entscheiden müssen, welche Aktien Ihnen gut liegen und welche nicht. Außerdem können Sie so deutlich besser aus Fehlern lernen und nach mehreren Sessions ein Fazit ziehen. Der Aufwand lohnt sich!

Begriffsverzeichnis

In diesem Begriffsverzeichnis möchte ich auf die wichtigsten Fachbegriffe eingehen, die innerhalb dieses Buches aufgetaucht sind. Nutzen Sie diese Möglichkeit zur Wiederholung oder zum Verständnis des Buches, um optimal auf Gespräche mit Freunden vorbereitet zu sein oder um Experten verstehen zu können. Ich bin mir sicher, dass einige dieser Definitionen Ihnen dabei helfen werden, Ihr Wissen zu reaktivieren.

Aktienchart: Der Aktienchart gibt mithilfe eines Diagramms wieder, wie sich die Aktienkurse eines Wertpapiers innerhalb einer bestimmten Zeitspanne verändert haben. Dabei sind Intraday-Ansichten, also vom aktuellen Tag, genauso wie Ansichten über die gesamte Laufzeit möglich. Das moderne Daytrading begründet sich zum großen Teil anhand der technischen Chartanalyse, welche aufgrund von typischen Formationen innerhalb eines Charts Aufschluss darüber gibt, wie sich die Kurse in Zukunft entwickeln.

Börsengang: Unter einem Börsengang versteht man den Start des Verkaufs von Aktien eines Unternehmens an der Börse. Dafür werden Banken beauftragt, den Wert eines Unternehmens festzustellen, damit die Aktien im Anschluss zu einem attraktiven Preis an Großinvestoren verkauft werden können. Danach haben Privatanleger die Möglichkeit, die verfügbaren Aktien an der Börse zu erwerben. Das Unternehmen gilt nach der Vollendung des Börsengangs als börsennotiert und die Wertpapiere können nun täglich gehandelt werden.

Bullen- und Bärenmarkt: Waren Sie schon einmal in Frankfurt vor dem Börsengebäude und haben dort die Statue des Bullen und des Bären entdeckt? Diese stehen gewiss nicht zufällig an diesem Platz, denn sie sind das Zeichen für steigende bzw. fallende Kurse. Ein Bullenmarkt beschreibt einen aufsteigenden primären Trend, während der Bärenmarkt für fallende primäre Trends steht. In Gesprächen mit Börsenexperten werden Sie von diesen Umschreibungen noch oft hören.

Online-Broker: Eine alternative Bezeichnung für das Depot stellt der Online-Broker dar. Dieser verwaltet das Sondervermögen und bietet Zugang zu diversen Finanzprodukten, darunter Aktien, CFDs und ETFs. Er ersetzt sozusagen die beratende Funktion einer herkömmlichen Bank.

Diversifikation: Mithilfe der Diversifikation des Portfolios wird erreicht, dass die Performance und deshalb auch die Rendite nicht nur von einer Anlage abhängt, sondern das Risiko auf verschiedene Investitionen aufgeteilt wird. Das ist der Grund, weshalb ein gutes Portfolio niemals nur aus Daytrading-Anteilen oder ausschließlich aus einzelnen Aktien besteht. Die Mischung sichert die Rendite und kann dennoch sehr unterschiedlich gestaltet sein, da sich die Anlagen in verschiedene Risikoklassen unterteilen lassen.

Dividende: Nach Ablauf des Geschäftsjahres haben Aktieninhaber bei Jahresgewinn der Firma Anrecht auf eine Dividende, die prozentual zum Nennwert der Aktie vom Unternehmen ausgeschüttet wird. Spezielle Dividenden-Indizes listen Firmen, die besonders großzügig bei der Ausschüttung der Dividende sind.

ETF: Sogenannte „Exchange Traded Funds" bilden Aktienkurse meist von Aktienindizes ab und machen diese somit besparbar. Insbesondere zeichnen sie sich dadurch aus, dass sie nicht aktiv verwaltet, wie es beispielsweise bei Fonds-Produkten der Fall ist, sondern maschinell aktualisiert werden. Deshalb lässt sich bei einem Sparplan auf ETFs im Durchschnitt die Marktrendite erwarten, weshalb das Risiko dieser Anlagen überschaubar ist.

Gleitender Durchschnitt: Mithilfe dieses Tools lässt sich für Anleger, Trader und Daytrader auf einen Blick erkennen, inwieweit sich die aktuelle Performance einer Aktie von jener der letzten 200 Tage unterscheidet. Dafür wird meist die 200-Tage-Glättung in den Aktienchart einbezogen, wobei die Zeitspanne auch deutlich höher ausfallen kann, wenn es sich um eine längerfristige Betrachtung handelt.

Konsolidierung: Eine Konsolidierung tritt ein, wenn sich der Markt, meist nach einem starken Aufschwung oder während eines primären Trends, abkühlt. Der Aktienkurs festigt sich dann auf einem bestimmten Niveau und bietet Tradern die Möglichkeit, mithilfe sogenannter Chartformationen wie Dreiecken oder Flaggen den Verlauf und den Ausbruch aus der Konsolidierung vorherzusehen, sodass kurzfristige Trades möglich gemacht werden.

Kostenquote: Diese simple Rechnung ermöglicht Anlegern aller Art, sich einen Überblick über die Kostenstruktur der getätigten Investitionen zu verschaffen. Dabei werden die insgesamt anfallenden Gebühren einer Trading-Session durch die Preise aller getätigten Orders dieser Session geteilt. Daraus ergibt sich ein Wert, der möglicherweise auf anderen Broker-Plattformen kleiner gehalten werden könnte. Ob sich dann ein Wechsel lohnt, entscheiden Sie individuell.

Nennwert: Anhand des Nennwertes einer Aktie kann der Anleger sehen, wie viel Geld das Unternehmen ursprünglich durch die Herausgabe dieser Aktie an Eigenkapital erhalten hat. Er unterscheidet sich in den meisten Fällen vom aktuellen Kurswert, denn bei Aktien mit hoher Nachfrage befindet sich der Kurswert oft deutlich darüber.

Penny-Stock-Aktien: Diese besonderen Aktien zeichnen sich durch die Eigenschaft aus, dass sich ihr Kurswert unter einem Dollar befindet. Die Ursache dafür liegt in den meisten Fällen in starken Kursverlusten durch schwache Geschäftsjahre oder Krisen. Interessant sind diese Aktien deshalb, weil der Nennwert niemals weniger als einen Dollar beträgt, sodass hier eine Anlage unter ihrem Nennwert erworben werden kann. Bei einer Stabilisierung des Geschäfts könnte sich die Investition deshalb lohnen, jedoch ist dies sehr unwahrscheinlich. Risikoreiche Anleger investieren dennoch regelmäßig in Penny-Stock-Aktien.

Sondervermögen: Aktien und andere Wertpapiere werden generell als Sondervermögen aufgefasst, was den Effekt hat, dass sie nicht in die

Bilanz der Broker-Plattform aufgenommen werden können. Das bedeutet für Sie, dass Ihre Anlagen in Finanzprodukte unabhängig von einer Insolvenz der Plattform sicher sind.

Volatilität: Volatile Anlagen zeichnen sich dadurch aus, dass sie besonders hohen Kursschwankungen unterliegen und deshalb sehr attraktiv für Trader sind. Ein Grund dafür ist unter anderem eine hohe Anzahl an Marktteilnehmern und Tradern.

Extra: Steuern sparen beim Börsenhandel

Aktiengewinne müssen versteuert werden

Bereits seit 2009 gilt die Abgeltungssteuer für die meisten Finanzprodukte, wozu neben Aktien, Fonds und ETFs auch Zertifikate, Derivate und CFDs zählen. Sie fällt unabhängig von Ihrer persönlichen Einkommenssteuer in einer Höhe von 25 Prozent auf die Gewinne an. Zusätzlich müssen noch 5,5 Prozent Solidaritätszuschlag und gegebenenfalls Kirchensteuer gezahlt werden. Diese Prozentsätze gelten jedoch wirklich nur auf den absoluten Gewinn, was bedeutet, dass Ihnen Verlustgeschäfte bezüglich der Steuer positiv zugutekommen. Investieren Sie Ihr Kapital auf herkömmliche Weise bei einer Bank, welche für Sie Aktien jeglicher Art oder beispielsweise Immobilienfonds erwirbt, können Sie auf die persönliche Beratung zurückgreifen und müssen sich nur selten selbst um die Steuer kümmern. Die Bank ist über Ihre persönliche Situation informiert und beachtet Freistellungsaufträge und vieles mehr ganz von selbst.

Investieren bzw. traden Sie jedoch über einen Onlinebroker, steht Ihnen nur selten eine persönliche Beratung zur Verfügung. Meist handelt es sich dabei nur um einen technischen Support, welcher Ihnen in inhaltlichen Fragen kaum weiterhilft. Bei Depots wird die Steuer klassischerweise direkt vom Gewinn abgezogen und somit wird der Großteil automatisch erledigt. Das ist auch gut so, denn es ermöglicht den Zugang für Anleger, welche keine Zeit dazu haben, sich speziell mit der Zahlung der Steuer auseinanderzusetzen. Dennoch gibt es einige Möglichkeiten, die Steuer zu umgehen oder sie zumindest erst ab bestimmten Summen zahlen zu müssen. Welche Tipps und Tricks es dabei gibt, erläutere ich Ihnen im nächsten Abschnitt.

Wie Sie unnötige Steuerzahlungen geschickt vermeiden

Den Sparer-Pauschbetrag effektiv nutzen. Dieser Betrag in Höhe von 801 Euro geht Hand in Hand mit dem zuvor erwähnten Freistellungsauftrag. Jede Person hat die Möglichkeit, jährlich 801 Euro steuerfreie Gewinne aus Finanzgeschäften zu erwirtschaften. Dazu kommt, dass Ehepaare gemeinsam insgesamt 1.602 Euro erzielen dürfen, unabhängig davon, ob die Geschäfte auf einen Namen laufen oder die Partner getrennte Konten besitzen. Essenziell ist es deshalb, am Anfang jeden Jahres den Freistellungsauftrag bei der jeweiligen Bank oder dem betreffenden Broker einzureichen. Selbst, wenn Sie über mehrere Plattformen traden, können Sie den Auftrag einreichen und sozusagen splitten. Möglich ist dies bis zum Ende des Jahres, spätestens 10 Tage vorher sollten Sie ihn aber unbedingt abgeschickt haben, falls Sie langfristig Geld anlegen. Ansonsten sollte der Freistellungsauftrag stets vor dem ersten Trade vorliegen, damit bei Auszahlungen kein Steuergeld vom Gewinn abgezogen wird. Um dafür zu sorgen, dass die Steuerzahlungen auch bei Gewinnen über 801 bzw. 1.602 Euro rechtmäßig stattfinden, verpflichten Sie sich mit diesem Auftrag, die überschüssigen Gewinne korrekt zu versteuern und den zusätzlichen Betrag nach Abschluss des Jahres nachzureichen.

Den Grundfreibetrag kennen. Ebenso wie der Sparer-Pauschbetrag steht jeder Person das Recht zu, jährlich bis zu 9.000 Euro steuerfrei zu verdienen. Als Schüler, Student oder Geringverdiener zählen zu dieser Grenze ebenso die Einnahmen aus Unterhalt, Kindergeld oder weiteren Zahlungen. Wurde der Betrag nicht ausgeschöpft, kann er durch Einnahmen aus Kapitalerträgen ergänzt werden, bis die Grenze erreicht ist. Zusätzlich gilt dennoch der Sparer-Pausch-Betrag, sodass theoretisch eine vergleichsweise hohe Summe an Gewinnen aus Finanzgeschäften erwirtschaftet werden kann, ohne diese versteuern zu müssen.

Schöpfen Sie diese Freibeträge gezielt aus. Dabei beziehe ich mich auf den Sparer-Pauschbetrag und den Grundfreibetrag, welche zuvor erläutert wurden. Haben Sie noch Puffer bezüglich der Summen, zum Beispiel aus

Trading-Geschäften, so könnten Sie darüber nachdenken, möglicherweise andere Finanzprodukte Ihres Portfolios noch vor Jahresende zu verkaufen, um sie im nächsten Jahr erneut einzukaufen. Beachten sollten Sie dabei jedoch die fälligen Gebühren der jeweiligen Plattform für Transaktionen und Vermittlungen. Das Ziel sollte es sein, mindestens jedes Jahr den Betrag von 801 Euro pro Person auszuschöpfen, da es sich sonst um verschenktes Potenzial handelt.

Füllen Sie gegebenenfalls eine Nichtveranlagungs-Bescheinigung aus. Diese verhindert auch über der Grenze von 801 Euro, dass der Broker Steuergelder von Ihrem Gewinn abzieht. Das wird notwendig, falls Sie sich sicher sind, dass Sie den Grundfreibetrag nicht ausschöpfen. Des Weiteren bietet er Ihnen die Möglichkeit, das gesamte Jahr mit deutlich mehr Geld zu handeln, denn die nicht abgezogenen Beträge summieren sich. Des Weiteren muss die Nachzahlung erst im nächsten Jahr erfolgen, sodass Sie auch in dieser Zeit mit Geld traden können, was Sie bald abgeben müssen. Seien Sie dabei allerdings vorsichtig und behalten Sie sich immer ein ausreichend großes Polster, um keine Schulden beim Finanzamt zu provozieren.

Verrechnen Sie Gewinne und Verluste sorgfältig. Wie eingangs bereits erwähnt, sind Sie dazu verpflichtet, die Gewinne Ihrer Kapitalerträge zu versteuern. Der Umsatz oder das eingesetzte Kapital spielen dabei keine Rolle, jedoch sind Ihre Verluste von Interesse. Es ist gestattet, Gewinne aus Trades mit Aktien mit Verlusten aus Trades mit anderen Aktien zu verrechnen. Jedoch ist es nicht erlaubt, die einen Finanzprodukte mit den anderen zu verrechnen, zum Beispiel Gewinne aus Aktienfonds mit Verlusten aus CFD-Spekulationen. Erstellen Sie sich daher insbesondere dann eine Übersicht, wenn Sie auf verschiedenen Plattformen Gewinne erwirtschaftet haben. Die einzelnen Plattformen stellen dafür Zusammenfassungen bereit, in denen Sie nach den einzelnen Produkten, Gewinnen, Verlusten, dem Datum und vielem mehr filtern bzw. sortieren können.

Die Macht alter Aktien. Da die Abgeltungssteuer erst seit 2009 für alle Gewinne zählt und zuvor lediglich die Einnahmen versteuert werden mussten, die innerhalb eines Jahres durch den Kauf und Verkauf erzielt wurden, sind Aktien, welche vor 2009 erworben wurden, als von der Steuer befreite Aktien zu betrachten. Sie müssen also keine Steuern beim Verkauf von Aktien geltend machen, wenn Sie diese vor 2009 selbst erworben oder beispielsweise von jemandem geschenkt bekommen haben. Die fällige Schenkungssteuer wurde dabei bereits bei der Übergabe beachtet.

Traden Sie bei einem ausländischen Broker? Entscheidend für die Einordnung, ob der Broker deutsch oder ausländisch ist, ist der Sitz des Unternehmens. Befindet sich dieser beispielsweise in Osteuropa, müssen Sie die Steuer generell selbst abführen. So sind Sie, ähnlich wie durch die Nichtveranlagungs-Bescheinigung, dazu verpflichtet, die Steuer in korrekter Höhe bis zum geltenden Stichtag einzureichen. Dafür benötigen Sie ebenso detaillierte Übersichten und etwas Zeitaufwand, können allerdings auch mit Geld handeln, welches Ihnen sozusagen zinsfrei geliehen wurde.

Schluss

In diesem Buch haben Sie von den Grundlagen des Investierens bis zum Daytrading mit spekulativen Produkten essenzielles Wissen erlernt, welches Ihnen einen erfolgreichen Einstieg in die Welt des Tradings ermöglicht. Dazu gehörte neben fundamentalen Fakten zu Investitionen und Aktienindizes auch eine Definition darüber, inwieweit sich aktives und passives Investieren voneinander unterscheidet. Das passive Investment zeichnet sich neben einem verlängerten Anlagehorizont auch durch das Zufriedengeben mit der Marktrendite aus. Die Erkenntnis darüber, dass Sie sich als Trader dem aktiven Teil der Aktienanleger zuordnen und es auf lange Sicht Ihr Ziel ist, die durchschnittliche Rendite am Markt zu schlagen, war der Startschuss für die darauffolgenden Kapitel, welche sich spezieller um das Trading drehten.

Die Basics des Tradings haben Ihnen vermittelt, dass Daytrader insbesondere auf sehr kurzfristige Gewinne auf Grundlage der technischen Chartanalyse hoffen, welche Sie in den beiden Hauptkapiteln erlernt haben. Die Anwendung dieser bezog sich auf Aktien verschiedener Unternehmen, wobei gezeigt werden konnte, dass auch bei zufällig ausgewählt Aktien die Theorie nahezu idealtypisch erkennbar ist und so die Bedeutung der Chartanalyse unterstrichen werden konnte. Des Weiteren habe ich Ihnen hoffentlich erfolgreich vermittelt, wie wichtig neben der technischen Analyse ebenso ein Überblick über die historischen Entwicklungen und die externen Einflussfaktoren, wie Kennzahlen oder Produkttrends, ist.

Zum Schluss des Buches hatten Sie die Möglichkeit, das Gelernte zu überdenken, indem Sie sich die möglichen Fehler verinnerlicht haben und diese deshalb nicht selbst begehen werden. Ebenso konnten Sie sich wichtige Begriffe in Ihr Gedächtnis zurückrufen und hatten die Möglichkeit, im Zusatzkapitel über die Abgeltungssteuer zu lernen, inwieweit die Abgabe der Steuer bei Aktiengewinnen eine Rolle spielt.

Zugegebenermaßen sind 25 Prozent Steuerzahlungen eine Menge, jedoch werden Sie mithilfe der Tipps hoffentlich nur einen kleinen Teil Ihrer Gesamtgewinne versteuern müssen. Ich bedanke mich sehr für Ihr Interesse und wünsche Ihnen viel Spaß bei der Umsetzung meiner Erklärungen. Vielleicht schaffen Sie es schon bald, die Marktrendite dauerhaft zu schlagen – Sie können sich sicher sein, dass ich mich mit Ihnen freuen werde.

Quellenverzeichnis

https://investmentratgeber.com/geld-investieren/

https://de.bergfuerst.com/ratgeber/1000-euro-anlegen

https://qtrade.de/tradingblog/wie-viel-prozent-macht-ein-guter-trader/

https://www.finanzen.net/index/msci-world

https://www.finanzen.net/aktien/volkswagen-aktie

https://magazin.comdirect.de/finanzwissen/anlegen-und-investieren/daytrading#die-risiken-des-daytradings

https://devisen-handeln.org/devisenhandel.html

https://www.youtube.com/watch?v=zc9hz3-ab4E

https://www.youtube.com/watch?v=qie9sxCIhHM

https://www.youtube.com/watch?v=RfHRxhjTR1k

https://mein-geldanlage-vergleich.de/aktienstrategien-html/

https://derstillhalter.com/risikoklasse-fuer-den-optionshandel/

https://finanzthema.com/risikoklassen.html/

https://www.ig.com/de/trading-strategien/die-top-5-handelsstrategien-190307#information-banner-dismiss

https://www.brokerdeal.de/daytrading-der-traum-vom-schnellen-geld/daytrader-alltag/

https://www.dailyfx.com/deutsch/trading-lernen/anfanger/devisenmarkt-oder-aktien.html

https://www.youtube.com/watch?v=81tk6loDZz0

https://aktien-kaufen-fuer-anfaenger.de/was-ist-cfd-handel-genaue-erklaerung/

https://www.investorsinside.de/john-murphys-trading-regeln-trading-fehler-richtig-traden/

https://www.rechnungswesen-verstehen.de/lexikon

https://www.aktien.net/besteuerung-von-aktien/

Wir danken Ihnen für Ihr Interesse und Ihr Vertrauen. Als Dankeschön dafür, haben wir eine besondere Überraschung. Sie interessieren sich für Investments? Dann haben wir etwas für Sie. Finden Sie heraus, warum sie so wichtig sind und was es zu beachten gibt. Das Beste: Sie erhalten diese vollkommen kostenlos. Das klingt wunderbar? Dann warten Sie nicht lange und holen Sie sich Ihr Gratis-Geschenk.

Hier geht es zu Ihrem Gratis-Geschenk:

https://forms.gle/aESYBcbhNREYXRu19

1. **Öffnen Sie die Kamera-App auf Ihrem Smartphone und richten Sie die Kamera auf den QR-Code.**
2. **Klicken Sie auf den Link, der Ihnen angezeigt wird und schon werden Sie zur Website weitergeleitet.**

Impressum

Herausgeber: Orbita Media Verlag GmbH & Co. KG / Ericusspitze 4 / 20457 Hamburg
Kontakt: kontakt@empireofbooks.de
Website: https://empireofbooks.de
Coverbild: Shutterstock

Haftungsausschluss:
Die Nutzung dieses Buches und die Umsetzung der enthaltenen Informationen, Anleitungen und Strategien erfolgt auf eigenes Risiko. Der Autor kann für etwaige Schäden jeglicher Art aus keinem Rechtsgrund eine Haftung übernehmen. Haftungsansprüche gegen den Autor für Schäden materieller oder ideeller Art, die durch die Nutzung oder Nichtnutzung der Informationen bzw. durch die Nutzung fehlerhafter und/oder unvollständiger Informationen verursacht wurden, sind grundsätzlich ausgeschlossen. Rechts- und Schadenersatzansprüche sind daher ausgeschlossen. Dieses Werk wurde sorgfältig erarbeitet und niedergeschrieben. Der Autor übernimmt jedoch keinerlei Gewähr für die Aktualität, Vollständigkeit und Qualität der Informationen. Druckfehler und Falschinformationen können nicht vollständig ausgeschlossen werden. Es kann keine juristische Verantwortung sowie Haftung in irgendeiner Form für fehlerhafte Angaben vom Autor übernommen werden. Die bereitgestellten Analysen, Vorschläge, Ideen, Meinungen, Kommentare und Texte sind ausschließlich zur Information bestimmt und können ein individuelles Beratungsgespräch nicht ersetzen. Alle Informationen dieses Buches entsprechen dem Kenntnisstand zum Zeitpunkt des Verfassens dieses Buches. Eine Haftung für mittelbare und unmittelbare Folgen aus den Informationen dieses Buches ist somit ausgeschlossen.
Informieren Sie sich weitläufig aus unterschiedlichen Quellen und bedenken Sie, dass am Ende nur Sie für die Entscheidungen verantwortlich sind.

Haftung für externe Links:
Unser Angebot enthält Links zu externen Websites Dritter, auf deren Inhalte wir keinen Einfluss haben. Deshalb können wir für diese fremden Inhalte auch keine Gewähr übernehmen. Für die Inhalte der verlinkten Seiten ist stets der jeweilige Anbieter oder Betreiber der Seiten verantwortlich. Die verlinkten Seiten wurden zum Zeitpunkt der Verlinkung auf mögliche Rechtsverstöße überprüft. Rechtswidrige Inhalte waren zum Zeit-punkt der Verlinkung nicht erkennbar.